EQUIVOQUES
ET BIZARERIES
DE
L'ORTHOGRAPHE
FRANÇOISE,

Avec les Moiiens d'y remédier

Non ſunt contemnenda quaſi parva, ſine quibus magna conſtare non poſſunt.

S. Jerôme, Epitre à Lœta.

A PARIS,

Chez GUEFFIER, fils, au bas de la rue de la Harpe, preſque vis-à-vis la rue Saint-Severin, à la Liberté.

M. DCC. LXVI.

Avec Approbation & Privilege du Roi.

A MESSIEURS

DE

L'ACADÉMIE

FRANÇOISE.

MESSIEURS,

PErmettez-moi de vous pré-ſenter ce petit Ouvrage, come un hommage que l'on doit à vos lumières. J'espère qu'Arbitres de notre Langue, vous voudrez bien jetter un coup d'œuil favorable sur cette Dissertation, par laquelle on propose une réforme de notre Orthographe commune. Sur plusieurs points l'Auteur dit son opinion : sur d'autres, il ne fait que demander l'opinion des personnes intelligentes ; c'est donc à vous, Messieurs, *à qui il s'adresse. En effet, où trouvera-t-on, plus de conoissances sur cette matière, que dans ce Corps illustre, établi par un grand Monarque, pour perfectioner notre Langue ? Nous vous reconoissons,* Messieurs, *pour nos Maîtres en ce genre. Vous avez non-seulement mis de la délicatesse, de l'élévation, de la force & de l'exactitude dans la Langue Françoise, vous avez encore introduit dans l'Orthographe, des changements les plus sages, prudemment, en différents tems & par dégrés, en laiſſant appercevoir qu'il y en avoit encore à faire.*

Un Particulier peut propoſer une nouvelle réforme ; mais quelque raiſonable qu'elle fût, il ne peut la faire recevoir du Public ; il n'a aucune autorité ſur lui pour cela : il ne peut même la faire gouter par les perſonnes lettrées, s'il n'a acquis chez eux un grand crédit.

Voila, MESSIEURS, *ce qui m'a fait prendre la liberté de vous demander la permiſſion de vous d-dier cet Ecrit. J'ai cru pouvoir par-là lui procurer une puiſſante protection, & en même tems vous intéreſſer à décider les doutes qui y ſont propoſés. L'Auteur croit être fondé dans ſon ſyſtême ; mais c'eſt à votre ſavant Corps à l'apprécier, & à juger s'il a tiré des conſéquences juſtes des principes répandus dans votre*

Dictionnaire, & dans les Ouvrages de plusieurs Académiciens anciens & nouveaux, où il prétend avoir puisé des lumières.

Je suis avec un profond respect,

MESSIEURS,

Votre très-humble & très-obéissant serviteur,

GUEFFIER.

AVERTISSEMENT.

IL me ſemble que toutes les Grammaires Françoiſes qui ont paru juſqu'à préſent, ſont trop ſavantes, trop relevées, trop abſtraites, & parconſéquent audeſſus de la portée des jeunes gens: ou trop ſèches, trop abregées, & dès-lors inſuffiſantes pour eux; parce qu'elles ne contiènent point, dans un certain détail, les règles de la Prononciation & de l'Orthographe, qui ſont les Eléments de notre Langue, que l'on ne doit pas dédaigner. Cette conſidération m'a fait concevoir le deſſein de compoſer, pour les jeunes gens de notre Nation & pour les Etrangers de tout âge, curieux d'aprendre le François, une Grammaire qui evite l'excès des premières

& le défaut des ſecondes. J'y travaille; mais avant de la ſinir & de la donner au Public, je ſouhaiterois ſavoir de Meſſieurs les Académiciens & autres perſones intelligentes, ce qu'ils penſent qu'on pouroit faire de plus raiſonable, pour réformer & fixer notre Orthographe que tout le monde reconoit être défectueuſe, variable, incertaine; afin d'orthographier ma Grammaire de la manière la plus convenable: ce qui ne m'empêcheroit pas d'enſeigner la prononciation de l'Orthographe commune.

» Il y a grande apparence [dit M. Duclos, Hiſtoriographe de France, & Secretaire perpétuel de l'Académie Françoiſe, dans ſes *Remarques* judicieuſes *ſur la Grammaire générale & raiſonnée*, dite *de Port-Roiial*] » que ſi » la réforme étoit propoſée par » un Corps de Gens de Lettres,

» ils finiroient par la faire adop-
» ter. La révolte du préjugé cé-
» deroit insensiblement à la per-
» sévérance des Filosophes, & à
» l'utilité que le Public y rencon-
» treroit bientôt pour l'éduca-
» tion des Enfans, & l'instruction
» des Etrangers. Alors l'autorité
» qui préside aux écoles publi-
» ques, pourroit concourir à la
» réforme, en fixant une métho-
» de d'institution. En cette ma-
» tiere, les vrais Législateurs sont
» les Gens de Lettres. L'autorité
» proprement dite, ne doit &
» ne peut que concourir.

» Les deux Langues, dont les
» livres sont les plus recherchés,
» la Françoise & l'Angloise,
» sont celles dont l'Orthographe
» est la plus vicieuse, come l'ob-
» serve le même Académicien.
Sans doute que quelque bon Grammairien Anglois travaillera quelque jour sur l'Orthographe de sa Langue. Voici

mes réflexions ſur la nôtre.

Il eſt conſtant que l'Ecriture devroit être le portrait de la parole, & que la parole devroit être l'echo de l'ecriture : enſorte qu'il devroit y avoir une parfaite conformité ou proportion entre l'une & l'autre ; afin que quand on voit un mot ecrit, on vît en même tems come il faut le prononcer ; & que quand on prononce un mot, on ſût à coup ſûr, coment il faut l'ecrire. Or cette analogie manque dans notre Langue & notre façon commune d'ecrire ; puiſque ſouvent une même ſyllabe ſe prononce différemment dans différents mots, & que des ſyllabes composées de lettres très-différentes, ſe prononcent de même ; aulieu qu'elles devroient être diſtinguées pour les ieux, come elles le ſont pour les oreilles. Souvent même il y a peu de raport entre les mots radicaux & leurs dérivés : par exemple, l'on ecrit & l'on prononce une *l* avant le *p* dans *coulpe*, & il n'en faut point dans *coulpable*. Il y a encore moins d'analogie dans la conjugaiſon des verbes, come il paroit par le grand nombre de verbes irréguliers que nous avons.

Ajoutez que les Auteurs, même les Grammairiens, ſont ſi peu uniformes dans la manière d'orthographier, qu'ils ecrivent diverſement une même ſyllabe dans un même mot, & juſqu'à de quatre façons différentes : par exemple, les uns mettent un *y* dans le mot *ennuyer*; d'autres un *ï* tréma, *ennuïer*; quelques-uns en font un double *ii*, *ennuiier*; pluſieurs le réduiſent à un *i* ſimple, *ennuier*. Il n'y a ſûrement, ou il ne doit y avoir, qu'une ſeule bone & vraie prononciation de cette ſyllabe dans ce mot : cependant à l'inſpection de ſon Orthographe dans les différents Auteurs, on eſt tenté de croire que les premiers le prononcent *ennuiier* ou *ennui-er*, ou *ennu-ier*; les ſeconds *ennu-i-er*; les troiſièmes *ennui-ier*, & les quatrièmes *ennu-ier* ou *ennui-er*. Que j'ecoute attentivement parler ceux qui paſſent pour avoir le bel uſage, il me ſemble entendre prononcer cette ſyllabe, au moins de deux de ces façons : & néanmoins il ne doit y en avoir qu'une ſeule qui ſoit régulière. N'en eſt-il pas de même des deux premières lettres de ce mot *ennui?* Pluſieurs ne les prononcent-ils pas come ſi c'etoit un *a* ſimple, *a-nui*, & d'autres come un *a* nazal, *an-nui*? Ainſi les Picards, les Flamands & les Liégeois prononçant cette ſyllable & toutes ſes ſemblables, come s'il y avoit *ein*, je veux dire come un *e* nazal, ſont plus conſéquents que les autres; parce qu'ils parlent plus conformément à l'ecriture. D'où il faut conclure qu'il y a bien de la Bizarerie dans notre Orthographe, que par ſes Equivoques elle induit en erreur les Enfants & les Etrangers, & qu'il faudroit parconſéquent la réformer.

Depuis le ſeizième ſiècle, l'uſage a inſenſiblement retranché quantité de lettres qui etoient inutiles pour la prononciation, ou qui même l'embaraſſoient; néanmoins cette réforme ne ſuffit pas, & on l'a bien ſenti: c'eſt-pourquoi des Auteurs, tels que Pierre la Ramée, ont propoſé des caractères nouveaux, de nouvelles lettres qu'ils ſubſtituoient dans pluſieurs ſyllabes aux anciènes figures; mais ce ſyſtême qui augmentoit notre Alphabet, a eté rejetté, come venu trop tard après l'invention de nos lettres, à la réſerve des conſones *j* & *v* dont on a ſenti la néceſſité, pour ne pas confondre *ja*, *je*, *ji*, *jo*, *ju*, avec *ia*, *ie*, *ii*, *io*, *iu*; ni *va*, *ve*, *vi*, *vo*, *vu*, avec *ua*, *ue*, *ui*, *uo*, *uu*.

On s'eſt donc réduit à chercher d'autres moiiens d'ôter les Bizareries & de lever les Equivoques de l'Orthographe commune, par rapport à la prononciation. Et pour cela les uns ont eſſaiié des changements dans l'uſage des conſones, en ſubſtituant, par exemple des *z* à des *ſ*, des *ſ* à des *c*, des *j* à des *g*, des *g* à des *c*: ou dans l'uſage des voiièles, en mettant par exemple un *o* ſimple à la place des lettres *au* & *eau*, *ai* au lieu de *eoi* & ſemblables.

D'autres ſe ſont aviſés de retrancher toutes les conſones qui ne s'articuloient pas, & les voiielles qui ne ſonoient point:

mais ce ſyſtême, non plus que le précédent, n'a pu avoir cours; parce qu'ils faiſoient l'un & l'autre, perdre de vue beaucoup d'etymologies des mots, toujours précieuſes & utiles pour l'intelligence des Langues.

Quelques-uns aiant lu dans la *Grammaire générale & raiſonée*, qu'il conviendroit de mettre ſur nos lettres, quelques petites marques qui fiſſent voir quand elles ne ſe prononcent point, ou qui fiſſent conoître les diverſes prononciations d'une même lettre, ont inventé des marques inconnues juſqu'alors, qui donent une figure tout-àfait hétéroclite : & leur méthode n'a point eté adoptée.

Mais pluſieurs ont eſtimé qu'il falloit entendre ces marques dont parle la *Grammaire de P. R.* de celles qui ſont déja uſitées ſur certaines lettres, enſorte qu'il ne s'agiroit que de les adapter à d'autres : & c'eſt le ſentiment que j'ai cru devoir ſuivre. C'eſt-pourquoi je propoſe, par exemple, d'après un habile Académicien, de mettre une cédille, ou petit *c* renverſé, ſous le *t* ramoli, come on en a mis une avec ſuccès ſous le *c* pour le radoucir. J'ai emprunté des bons Grammairiens toutes les idées qu'ils ont fournies dans ce gout. Je les ai etendues ou j'y ai ajouté les miènes : & quoique ces petites marques ſoient purement arbitraires dans leur origine, j'ai obſervé qu'une fois etablies, elles doivent ordinairement, & autant qu'il eſt poſſible, avoir un même effet partout où on les applique. Par exemple l'*accent grave* (`) ſert à diſtinguer les *è* ouverts ; auſſi l'ai-je mis ſur la voïèle compoſée ou fauſſe diphthongue *a i*, quand elle ſe

Girard, Pr. de la Lang. Franç.

prononce en ouvrant fort la bouche: au contraire l'accent aigu (ʹ) ſert à faire conoître les *é* fermés; auſſi l'ai-je emploiié ſur cette voiièle-compoſée *ai*, lorſqu'elle ſe prononce en fermant un peu la bouche. Le point (.) accompagne toujours l'*i*; & je l'ai placé ſur les ị & ſous les ḷ qui ſonent preſque come des *i*. J'ai eté plus embaraſſé pour l'*x*; parce qu'il n'eſt pas facile de rendre ſes marques ſurajoutées, analogues à toutes les différentes articulations de cette conſone: c'eſt-pourquoi j'ai pris le parti de la borner à ſon ancien uſage, ſavoir de ne l'emploiier que quand elle s'articule come *cs* ou *gz*, en y mettant néanmoins encore quelque différence.

J'eſpere que les Auteurs encore vivants, dont je combats les opinions, ne s'en offenſeront pas; puiſqu'ils ont eux-mêmes ufé envers d'autres, de cette liberté aquife à tout le monde, dans ce genre d'ecrire.

Au refte ce n'eft ici qu'un projet que je préfente aux Conoiffeurs, & que j'efpère qu'ils perfectioneront: à cet effet je les prie de me doner leurs avis fur cette Differtation, & de me marquer les changements qu'ils trouveront à propos de faire à mon fyftême, ou ce qu'ils jugeront convenable d'y ajouter, afin que je profite de leurs lumières, & que je leur en faffe honeur. Cet ecrit poura, en attendant, être utile aux autres Nationaux & aux Etrangers.

On pourra faire inférer ces avis dans des Ouvrages périodiques, ou les doner dans des lettres adreffées, franches de port, à l'Imprimeur du préfent ecrit.

TABLE
DES ARTICLES.

Fin de la Table.

APPROBATION.

J'AI lû, par ordre de Monſeigneur le Vice-Chancelier, un Manuſcrit intitulé *Equivoques & Bizareries de l'Orthographe Françoiſe, avec les Moiiens d'y remédier*, & je n'y ai rien trouvé qui m'ait paru devoir en empêcher l'impreſſion. A Paris, ce 25 Avril 1765.

PICQUET.

PRIVILÉGE DU ROI.

LOUIS, par la grace de Dieu, Roi de France & de Navarre: A nos amez & féaux Conſeillers les Gens tenans nos Cours de Parlement, Maîtres des Requêtes ordinaires de notre Hôtel, Grand-Conſeil, Prévôt de Paris, Baillifs, Sénéchaux, leurs Lieutenans-Civils, & autres nos Juſticiers qu'il appartiendra: SALUT. Notre amé GUEFFIER, Libraire à Paris, Nous a fait expoſer qu'il deſireroit faire imprimer & donner au Public un Ouvrage qui a pour titre *Equivoques & Bizarreries de l'Orthographe françoiſe, avec les moiens d'y remédier*, s'il Nous plaiſoit lui accorder nos Lettres de permiſſion pour ce néceſſaires. A CES CAUSES, voulant favorablement traiter l'Expoſant Nous lui avons permis & permettons par ces Préſentes, de faire imprimer ledit Ouvrage autant de fois que bon lui ſemblera, de le faire vendre & débiter par tout notre Royaume pendant le tems de *trois* années conſécutives, à compter du jour de la date des Préſentes: Faiſons défenſes à tous Imprimeurs, Libraires, & autres perſonnes de quelque qualité & condition qu'elles ſoient, d'en introduire d'impreſſion étrangere dans aucun lieu de notre obéiſſance: A la charge que ces Préſentes ſeront enregiſtrées tout au long ſur le

Regiſtre de la Communauté des Imprimeurs & Libraires de Paris, dans trois mois de la date d'icelles ; que l'impreſſion dudit Ouvrage ſera faite dans notre Royaume, & non ailleurs, en bonpapier & beaux caractères, conformément à la feuille imprimée, attachée pour modéle ſous le contre-ſcel des Préſentes ; que l'Impétrant ſe conformera en tout aux Réglemens de la Librairie, & notamment à celui du 10 Avril 1725. qu'avant de l'expoſer en vente, le Manuſcrit qui aura ſervi de copie à l'impreſſion dudit Ouvrage ſera remis dans le même état où l'approbation y aura été donnée ès mains de notre très-cher & féal Chevalier Chancelier de France, le Sieur DE LAMOIGNON, & qu'il en ſera enſuite remis deux exemplaires dans notre Bibliothéque publique, un dans celle de notre Château du Louvre, un dans celle dudit Sieur DE LAMOIGNON, & un dans celle de notre très-cher & féal Chevalier, Vice-Chancellier & Garde-des-Sceaux de France, le Sieur DE MAUPEOU ; le tout à peine de nullité des Préſentes. Du contenu deſquelles vous mandons & enjoignons de faire jouir ledit Expoſant & ſes ayans cauſes, pleinement & paiſiblement, ſans ſouffrir qu'il leur ſoit fait aucun trouble ou empêchement : Voulons qu'à la copie des Préſentes, qui ſera imprimée tout au long au commencement ou à la fin dudit Ouvrage, foi ſoit ajoutée comme à l'original. Commandons au premier notre Huiſſier ou Sergent ſur ce requis, de faire pour l'exécution d'icelles tous actes requis & néceſſaires, ſans demander autre permiſſion, & nonobſtant clameur de Haro, Charte Normande & Lettres à ce contraires : Car tel eſt notre plaiſir. Donné à Paris le cinquième jour du mois de Juin, l'an de grace mil ſept cens ſoixante-cinq, & de notre Regne le cinquantieme. Par le Roi en ſon Conſeil.

LE BEGUE.

Regîtré ſur le Regître XVI. de la Chambre Royale & Syndicale des Libraires & Imprimeurs de Paris, n°. 562, folio 318, conformément au Réglement de 1723. A Paris ce 21 Juin 176[illegible].

LE BRETON, *Syndic.*

EQUIVO-

EQUIVOQUES
ET BIZARERIES
DE L'ORTHOGRAPHE
FRANÇOISE,
Avec les Moiiens d'y remédier.

I Excellence de la Langue Françoiſe. Ce qu'il faudroit faire pour la rendre parfaite.

LA Langue Françoiſe a cet avantage ſur les autres Langues vivantes, qu'elle eſt aujourd'hui celle de toutes les Cours de l'Europe ; c'eſt celle de quiconque ſe pique de gout, de politeſſe, & d'amour pour les Lettres. Les etrangers diſtingués par leur naiſſance ou par leurs emplois, les Princes Souverains même, croient qu'il manqueroit quelque choſe à leur education, s'ils ne parloient François purement & avec facilité. Notre Langue s'eſt miſe en poſſeſſion dans la plupart des Etats, des leçons qu'on fait à la jeune Noblesse, des lectures les plus intéressantes en particulier & dans les assemblées, des conférences les plus importantes des Ministres sur la Politique. Elle est de même d'un usage assez général parmi les Commerçants. Une jalousie nationale a quelquefois elevé sa voix, pour empêcher que notre Langue emploiiée dans les Traités de Paix, qui se sont faits depuis près d'un siècle, ne conservât cette illustre prérogative; mais malgré ces plaintes & ces clameurs, elle a eté préférée à toutes les autres, & elle a pris, en quelque sorte, la place de la Langue Latine qui, depuis même la décadence de l'Empire Romain, étoit la Langue presque universèle de l'Europe.

Ce n'est pas que les Langues de nos voisins n'aiient aussi leurs beautés, mais elles ont des défauts qui ne se trouvent pas dans la nôtre. La Langue Allemande est energique, mais elle est rude, particulièrement par ses aspirations finales: l'Angloise est abondante; mais elle n'est pas assez châtiée & régulière: l'Espagnole est grave & pompeuse; mais elle est trop enflée,

& elle a quelques articulations dures : l'Italiène est délicate ; mais elle est molle & souvent languissante. La Langue Françoise a tous les avantages de ces Langues, sans avoir presque aucun de leurs défauts : elle est tout-ensemble douce & forte, exacte & abondante, simple & majestueuse, molle & délicate. Elle est propre à toutes sortes de matières, pour la prose & pour la poésie, pour l'histoire & pour la fable, pour le sérieux & pour le c[illegible]que, come on le voit par l'usage [illegible]on en a fait dans tous ces genres d'écrire. Voilà ce que disent les Panégyristes de notre Langue, entr'autres M. de la Touche, (*a*) le P. Gaichiez de l'Oratoire, (*b*) & M. l'Abbé Goujet. (*c*)

C'est de la Langue parlée que ces Auteurs font un si bel eloge ; néanmoins il faut convenir qu'elle est encore quelquefois pauvre, & que pour la rendre opulente à tous egards, il seroit nécessaire, selon l'avis de M.

(*a*) Préf. de l'Art de parler.

(*b*) Disc. à l'Académie de soissons, sur les progrès de la Langue Françoise.

(*c*) Biblioт. Franç. tome 1.

Hist. anc. t. XI, p. 2.

Rollin, cet Ecrivain si sensé, de reprendre des vieux Auteurs François, certains mots clairs, simples, naturels, pleins de force & d'énergie, qu'on a rejettés mal-à-propos, & de l'enrichir aussi peu-à-peu, de nouvelles expressions que les peuples voisins nous fourniroient, come nous voiions que les Anglois le pratiquent utilement.

§ II. Chaque son ou articulation devroit avoir sa lettre particulière, & chaque lettre n'avoir qu'un seul usage. Le contraire est arivé. L'Orthographe Angloise & d'autres ont aussi des equivoques & des bizareries.

Mais si notre *Langue parlée* est presque à sa perfection, notre *Langue écrite* en est bien eloignée, & elle semble s'en eloigner tous les jours de plus en plus.

Nous avons douze sons simples, absolument différents les uns des autres; savoir 1°. *a*, *é* fermé, *è* ouvert, *i*, *o*, *u*; 2°. *eu* qui représente aussi l'*e* sombre ou obscur, & *ou*; 3°. *an*, *en* ou *in*, *on* & *un* nazals. L'accent détermine le son précis des *é* fermés ou ouverts. Mais celui qu'on appelle communément muet, n'a quelquefois aucun son, come dans *belouze*, *pelote*, *j'avouerai*, *maniement*: d'autres fois il a le son obscur & sombre des lettres *eu*, come dans *redevenir*, *retenir*, *diversement*, & nous n'avons aucune marque qui distingue celui-ci de celui-là ; nous manquons même de caractères pour représenter le ſon *ou* & les voïèles nazales ; en ſorte que nous ſomes obligés de recourir à une combinaiſon de nos autres lettres. Nous n'avons rien non plus qui déſigne l'*l* qu'on appelle mouillée.

D'ailleurs il y a peu d'uniformité dans notre *Langue ecrite* ; puiſque différentes lettres ou différents aſſemblages de lettres ſe prononcent de même, & qu'au contraire une même lettre ſimple, ou un même aſſemblage de lettres, ſe prononce tantôt d'une façon, tantôt d'une autre, ſans qu'il y ait au moins, come dans les anciennes Langues, aſſez d'accents pour déterminer la prononciation. C'eſt là une imperfection énorme ; puiſque c'eſt confondre l'uſage des caractères qui compoſent l'écriture d'une langue, & aller par conſéquent directement contre la fin pour laquelle ils ont eté etablis. C'eſt donc avec bien de la raiſon que M. Duclos a dit que *notre Orthographe eſt un aſſemblage de bizarreries & de contradictions.* Les Anglois ont laiſſé introduire ce défaut dans leur Langue : on peut même dire que leurs voïèles ſurtout, ſont moins uni-

Rem. ſur le chap. V. de la Gramm. gén. & raiſonnée.

voques que les nôtres ; car rien de plus ordinaire chez eux, que d'ecrire des syllabes par une voïèle & d'en faire soner une autre : par exemple, l'*e* des monosyllabes, l'*e* initial, l'*e* avant le double *w*, l'*e* devant *k*, l'*e* dans *here*, *get* & plusieurs autres mots, de même que le double *ee* & la syllabe *eo* se prononcent dans la Langue Angloise come un *i* françois ou latin. Au contraire l'*i* anglois lié avec une *r* dans une même syllabe, se prononce come l'*e* latin : dans d'autres mots il se prononce come notre *ei*, & dans plusieurs come un *o*.

L'*o* simple lié avec une consone, & l'*u* avec une *r*, rendent le son de notre *a* ; cependant l'*o* dans la plupart des monosyllabes, & le double *oo* font *ou*, de même que le double *w*.

L'*y* a aussi ses variations ; car il se prononce tantôt come un *i*, & tantôt come notre *ei*.

Pour ce qui est des consones en anglois, plusieurs sont muètes, & d'autres s'articulent come dans le françois ; mais le *c* & le *g* dans certains mots, se prononcent come s'il y avoit un *t* devant, & le *j* come s'il y avoit un *d*.

Ainsi la Langue Angloise a du côté des bizareries & des equivoques de son Orthographe, au moins autant de difficultés que la Langue Françoise. Il y en a de même dans les autres langues de l'Europe.

» L'Ecriture est un tableau qui re» présente aux ieux & par eux à l'esprit, » tout ce qu'on peut penser & dire des » êtres créés ou possibles & de Dieu » même. Elle sert merveilleusement à » instruire & à persuader dans tout » genre, à exciter les passions de l'ame » & à les faire sentir. . . . . Elle est en » un mot l'image de la pensée & le » portrait de la parole.

Préf. des Meth. nouv. pour aprendre à lire, même par forme de jeu & d'amusement.

» Mais que penseroit-on d'un » Peintre qui, sous prétexte que plu» sieurs persones ont quelques traits » resemblants, prétendroit les re» présenter toutes par un même por» trait, quoiqu'elles eussent des traits » qui missent de la différence entr'el» les? Que seroit-ce encore, si des » portraits différents les uns des au» tres, etoient destinés pour repré» senter la même personne? Voilà » cependant jusqu'où est allée la biza» rerie de notre Orthographe.

Je conviens que les caractères sont

des ſignes arbitraires qui ne ſignifient rien par eux-mêmes ; mais une fois etablis & unis en ſyllabes, ils devroient être univoques, conſtants & diverſifiés d'une maniere qui en marquât un uſage précis, ſimple & unique ; enſorte qu'on pût voir, pour ainſi dire, les ſons & les articulations dans les lettres qu'on emploie dans l'Ecriture à la main ou imprimée : ce qui ſouvent n'eſt pas dans notre Langue ; puiſqu'il s'y trouve des conſones qu'on appelle, pour cela même, *variantes*, & qu'on en peut dire autant de quelques voïèles. Il arive delà que les enfants & les etrangers particulièrement, ont beaucoup de peine à aprendre la vraie prononciation que nous n'avons apris nous-mêmes, que par routine & ſans principes. Afin donc de leur procurer quelque facilité, je penſe qu'il eſt à propos de préſenter au Public un nouveau plan d'Orthographe, ou plutôt, d'indiquer les moïiens que l'on a cru les plus capables de remédier aux Equivoques & aux Bizareries de l'Orthographe commune, qui contrarient notre prononciation, tèle qu'elle eſt dans le diſcours ſoutenu.

Je dis *dans le diſcours ſoutenu*, c'eſt-à-dire en Chaire, au Bareau, ou dans une lecture qui ſe fait en public : car dans cette ſorte de diſcours on prononce, par exemple, *ſecond*, *ſecret*, *Secrétaire*, *cet oiſeau*, *cet home*, *cette femme*, à quelque choſe près, ſelon qu'ils ſont écrits : au lieu que dans la converſation c'eſt bien pis ; car un grand nombre de perſones qui ſe piquent de bien parler, les prononcent come s'il y avoit un *g* dans les trois premiers, *ſgond*, *ſgret*, *ſgrétaire*, & *ſt* dans les derniers, *ſt' oiſeau*, *ſt' home*, *ſte femme*. N'eſt-ce point encore là dénaturer notre Orthographe par une enorme bizarerie ? Il y a apparence que ce ſont des perſones de la Cour, plutôt que des Académiciens, qui ont introduit cet uſage, dans la vue de rendre notre Langue plus coulante, plus agréable & plus courte. Mais cette raiſon eſt-elle bien fondée? En uſe-t-on ainſi dans les paiis etrangers, ſurtout pour la langue Italiène & pour l'Eſpagnole, qui ont ſans doute leur délicateſſe & leur harmonie ? On y syncope, à la vérité, quelques voiièles dans la prononciation ; mais du moins l'uſage y eſt le même pour le diſcours ſoutenu & pour la conversation, excepté quand on lit ou qu'on récite des vers, ainsi que nous en usons à l'égard de l'*e* muet, sur lequel on appuie alors un peu la voix, pour faire sentir la mesure, come dans ces mots *pelote*, *belouse* & semblables. Nous avons de même plusieurs consones finales, surtout le *t* & l'*s*, dont on néglige ordinairement la prononciation en conversant, & qu'on prononce exactement dans le discours soutenu. Par-là, sous prétexte d'abreger la prononciation, on tombe dans l'inconvénient de multiplier les *hiatus* ou chocs de deux voïièles, que l'on trouveroit si désagréables dans la poésie françoise, & qui le sont effectivement dans nos anciens Poètes. Mais il faut espérer qu'on reviendra quelque jour de ces usages abusifs, quand il aura plu à Messieurs de nos Académies Françoises, d'en faire conoître le ridicule. On peut voir ce qu'en a déja dit M. Duclos, Secrétaire perpétuel de l'Académie à Paris, dans ses sages *Remarques sur la Grammaire de P. R.* C'est à ce Corps éclairé à nous indiquer la vraie prononciation, & à empêcher, de tout son pouvoir, que

chap. I, éd. de 1756.

l'on n'augmente les défauts de notre Langue, ſous le faux prétexte de la perfectioner. Pour moi, je me reſtreins à propoſer ici quelques idées, principalement ſur le manque d'analogie qui ſe trouve de notre Orthographe commune, à notre prononciation dans le diſcours ſoutenu.

Il y a longtems que des perſones zélées pour la perfection de l'Orthographe Françoiſe, ont remarqué qu'il eſt à propos de bien nomer & de bien former les lettres : qu'une même lettre devroit avoir une ſeule forme, & diverſes lettres diverſes formes ; qu'il faudroit ôter peu-à-peu de notre Alphabet, les lettres ſuperflues, & y ajouter celles qui ſont néceſſaires : faire enſorte qu'une même lettre ne fît jamais l'office & la fonction d'une autre, & que divers ſons ne fuſſent point repréſentés par les mêmes lettres : que la vraie orthographe conſiſte à repréſenter fidèlement par l'Ecriture, tout ce que nous prononçons & rien de plus, & à ne pas prononcer une choſe & en ecrire une autre, come nous faiſons : que le nom de chaque lettre ne devroit avoir qu'un ſeul coup de langue, & la forme un ſeul coup de plume. Mais l'invention des Lettres n'étant point de nous, il ne faut point penser présentement à en inventer de nouvelles ; c'est un esclavage auquel nous somes assujettis, sans espérance d'en sortir : le tenter ce seroit rendre notre ecriture inintelligible, & redoubler les difficultés. Il vaut mieux user de plusieurs lettres, & être entendu, que de n'user que d'une seule, & ne l'être pas. Ces réflexions sont tirées des ecrits de plusieurs Grammairiens anciens & modernes, & raportées par le judicieux Auteur de la *Bibliothèque Françoise.*

Part. 1. ch. 3.

III. Ce que des Auteurs ont imaginé pour corriger l'orthogr. Françoise.

Projet pour perfect. l'Orthog. des Langues de l'Eur. en 1730.

Ce qu'on pourroit faire de mieux, au jugement de M. l'Abbé Castel de S. Pierre, seroit de doner quelques marques distinctives aux lettres emploiiées à d'autres fonctions qu'à leurs fonctions ordinaires, de désigner dans chaque mot, les lettres qui ne se prononcent pas, & de marquer les voiièles longues. Cet Auteur prétend que notre Orthographe est actuèlement toute corrompue, & qu'autrefois il y avoit plus d'analogie entre la maniere d'écrire & celle de prononcer, qu'il n'y en a aujourd'hui. Il trouve que le mal vient de la négligence à suivre, dans l'Orthographe, les changements de la prononciation, & à inventer autant de figures, qu'il y a eu dans la suite, de sons & d'articulations. Mais cet Auteur a doné, come quelques autres, dans l'ecœuil qu'il vouloit faire éviter, & il s'est ecarté de ses propres principes; car tandis qu'il disoit qu'on ne devoit introduire cette perfection, que par degré, & avec le secours du tems, pour ne pas blesser les ieux; il a violé cette règle si sensée, dans le livre même où il la propose, en changeant le g en *j* dans *sage*, *négligence*, *songer*; le *c* en *q* dans *encore*, *dictionaire*; l'*s* en *z* dans *païisan*; le *c* en *s* dans *françois* & semblables: c'est-pourquoi il ecrit ces mots de cette sorte, *saje*, *néglijence*, *sonjer*, *enquore*, *diqsionaire*, *péizan*, *Fransès*.

M. l'Abbé de Courcillon de Dangeau, dans ses *Réflexions* & ses *Essais sur la Grammaire*, & M. Dumas dans sa *Méthode du Bureau Typographique*, ont à peu près le même systême.

Le P. Vaudelin, Eremite Augustin réformé, qui a fait imprimer en 1713, une *Nouvelle Méthode d'ecrire la Langue Françoise, comme on parle*, après avoir avancé pour maximes, qu'il est raisonnable, 1°. de conserver tout ce qu'il y a de bon dans l'Alphabet vulgaire, 2°. de retrancher tout ce qu'il y a de superflu, 3°. d'y ajouter tout ce qu'il y manque, 4°. de fixer tout ce qu'il y a de vague & d'incertain dans l'usage des Lettres, 5°. de mettre en bon ordre tout ce qu'il y a de confondu, s'est avisé de retrancher, d'un seul coup, tous les *e* féminins qui suivent une consone dans une même syllabe : ce qui fait que son Orthographe ne peut jamais être d'usage dans la poésie. Il retranche aussi toutes les *m* & les *n* qui terminent les sons nazals, les *i* des voiièles composées *a i* & *e i*, & les *u* d'*e u* & d'*o u*, qu'il remplace par une queue qui monte ou qui descend, ou par d'autres marques semblables qu'il ajoute aux lettres qui restent. Il ecrit même cette troisième persone, *il est*, par un *a* avec une queue, & *el* pour *ail*. Il retranche absolument les *h* qui ne s'aspirent pas, & les *c* de devant les *h* qui se mouillent, aussi-bien que toutes les consones qui ne se prononcent point. Il ecrit *au*, *eau*, *eaux*, par un *o* simple ; *qui* par *c i* & *quo* par *c o* ; parce qu'il donne partout au *c* la prononciation du *k*. Il ecrit aussi *c* doux par *s*: *s* & *x* doux par *z* : *g i* par *j i*, réservant le *g* pour les syllabes où il se prononce fort, come dans *garder*, *guerrier*. Tout cela forme dans son livre un ensemble des plus ridicules à la vue : ce qui a sans doute fait dire, pour tout eloge, à M. de Boze son Censeur, dans son approbation, que *l'impression de cet ouvrage réjouïroit le Public.*

Pierre Ramus ou la Ramée, Lecteur en l'Université de Paris, & quelques autres sont allés encore plus loin que ceux que je viens de citer, en inventant de nouvelles lettres ou des caractères d'une figure assez hétéroclite qui choque la vue. On peut les voir dans le Traité d'Orthographe de M. l'Abbé Régnier des Marais. » Cette » manière d'ecrire, dit M. Rollin, n'a » pas moins blessé les ieux du Public, » que l'auroit fait une mode nouvelle » de vêtements bizares, que l'on auroit prétendu introduire tout d'un » coup : aussi n'a-t-elle pu avoir la » vogue.

Gram. Franç. p. 100 & *suivantes.*

Manière d'étudier, tom. 1. p. 9.

Notre Orthographe commune n'a déja que trop changé les etymologies de notre Langue ; mais par ces nouveaux ſyſtêmes on les perdroit tout-à-fait de vue, & par conſéquent on ſe priveroit d'un grand ſecours pour l'intelligence de la vraie ſignification des mots. M. l'Abbé Boulliette ajoute, après pluſieurs Académiciens, que » quelque raiſonné que ſoit un nouveau plan d'Orthographe dans ce » goût, le remède ſeroit pire que le » mal, parce qu'il faudroit, ou réformer les livres, choſe impraticable, ou ſe réſoudre à priver les ſimples, de la lecture de tant de bons » livres faits pour eux, & qui ne » pourroient plus être que pour les » ſavants: ou bien il faudroit aprendre à lire ſelon la nouvelle Orthographe, & enſuite ſelon l'ancienne; » ce qui ne feroit que multiplier les » difficultés. Cette obſervation eſt très-juſte: cependant cet Auteur, qui a fait voir qu'il conoît parfaitement le méchaniſme de la voix & de ſes articulations, ſemble ne pas conoître de même la manière de la repréſenter par une Orthographe exacte; puiſqu'il eſt, ſur pluſieurs points, auſſi bien que M. Douchet, favorable aux Equivoques que je combats ici, come on le verra ci-après.

Tr. des ſons de la Langue Fran. en 1760.

Princ. raiſons. d'Orthograph. en 1762.

IV. Projet de moiiens simples d'ôter les Equivoques de l'Orthog.

Pour moi, je me borne à proposer dans cet Ecrit, ce qui a eté inventé par des Auteurs modérés, pour lever les Equivoques de notre Orthographe, & à y ajouter quelques expédients dans le même goût, fort simples & très-utiles dans l'etat où est notre Ecriture. Le succès d'une *Cédille* empruntée des Espagnols, pour radoucir le *c*, les a enhardis à imaginer quelque chose de plus ; & leur exemple m'a fourni l'idée de semblables changements sur ce qui nous restoit d'Equivoques en ce genre : peut-être prendront-ils faveur quelque jour. Ce ne sont point de nouvelles lettres, ni des substitutions capricieuses de certaines lettres à d'autres, mais des accents, des points & de semblables figures ou traits, légèrement ajoutés à quelques lettres, qui serviront à faire prononcer, come il faut, les syllabes sans hésiter, surtout aux enfants & aux etrangers. J'espere que le Lecteur judicieux ne se préviendra pas.

Il y a un siècle que les savants Auteurs de la *Grammaire Générale & Raisonnée* ont dit que « tout ce qu'on pou- » roit faire de plus raisonable, seroit » de retrancher les lettres qui ne ser-

Chap. 5.

» vent de rien à la prononciation, ni » au sens, ni à l'analogie des Lan- » gues, & de mettre sur celles que » l'on conserveroit, parce qu'elles » sont utiles, de petites marques qui » fissent voir qu'elles ne se prononcent » point, ou qui fissent conoître les di- » verses prononciations d'une même » lettre. Or pour cet effet je n'em- ploie que des figures conues, qui pa- roissent analogues à tout ce qui est déja le plus généralement établi. Voila tout mon dessein : il ne vient pas de moi, à ce qu'on voit ; & pour le remplir, je n'ai fait que déveloper & etendre les idées que d'habiles Maî- tres ont fournies, & y en ajouter quel- ques-unes des miennes. C'est pour- quoi mon plan ne méritera pas le re- proche odieux d'une nouveauté ri- dicule.

V. Distinguer par des marques différentes, les *e* qui ont différents sons. Y a-t-il différents sons de l'è ouvert come aussi de l'é fermé, de l'*eu* & de l'*eau*?

La voiièle *e* est souvent un signe très-equivoque qui cause bien des dif- ficultés. On distingue ordinairement trois sortes d'*e*, le *fermé*, l'*ouvert* & le *muet* ou sombre & obscur. Celui ci n'est conu & ne se prononce que dans la Langue Françoise, à laquelle on prétend qu'il done de l'agrément par une espece de modulation & de cadence, ou si l'on veut, de nuance & d'ondulation qu'il y met : aussi l'appelle-t-on souvent l'*e françois.*

Les Començants peuvent discerner l'*e* muet, de l'*e* fermé & de l'*e* ouvert qui sont marqués, l'un de l'accent aigu, & l'autre du grave ; mais il n'y a point d'accent ni d'autre marque semblable, qui leur fasse conoître que cette voiièle se prononce come un *a*, ou come un *i* ou plutôt un *e* nazal.

Il y a quelques règles : par exemple, que l'*e* est féminin & come muet, devant *n t* à la troisième persone du pluriel des verbes, *ils précèdent, ils diffèrent, ils expédient, ils trouvent, ils sèment, &c.* & qu'il se prononce come un *a*, dans les noms & les adverbes qui s'ecrivent de même, tels que *le précédent, le différent, un expédient, souvent, précieusement.* On prononce aussi *ils convient*, come *ils expédient* ; mais on prononce *il convient* en *e* nazal. Cet usage est universèlement etabli sur des règles qui, quoique sûres, ne se comprènent pas aisément par les enfants, ni par beaucoup d'autres.

Mais pourquoi l'*e* se prononce-t-il

come un *a* dans *femme* & *ennui* : come un *e* nazal dans *Benjamin*, *Européen*, *lien* : come un è ouvert dans *Agamemnon*, *Dilemme*, *ennemi* ? Pourquoi ces lettres *e n* ont elles un ſon nazal dans *ennui*, & qu'elles ne l'ont pas dans *ennemi* ? Il faut avouer qu'on n'a ſur ces points, que l'uſage ſans principes ; qu'ainſi ceux qui ont peu d'uſage de la lecture, doivent être embaraſſés ſur la vraie prononciation de ces mots.

Je ſerois donc d'avis que l'on convînt de mettre l'accent grave en cette ſorte ſur *Agamèmnon*, *Dilèmme* & ſemblables : un point ſur *Bėnjamin*, *Européėn*, *liėn*, *moiiėn*, *il conviėnt*, *&c* ; & que pour les mots ou l'*e* ſe prononce come un *a*, & qui peuvent faire equivoque, on les ecriv̧ît par un *a*, en cette ſorte, *le précédant*, *un différant*, *un expédiant*, qui viènent des verbes *précéder*, *différer*, *expédier*, dont j'ai parlé. Il eſt même étonant qu'on n'ait pas fait ce changement, quand on l'a fait pour les participes actifs françois, qui, en latin, ſe terminent par *ens* : par exemple, *correſpondens*, *correſpondant* ; *tremens*, *tremblant* ; *legens*, *liſant* ; *vi-*

vens, *vivant*; *moriens*, *mourant*; *saliens*, *saillant*; *volens*, *voulant*, qu'on a fait aller de pair avec ceux qui viènent des participes latins en *ans*: exemples, *amans*, *aimant*: *lavans*, *lavant*: *febricitans*, *febricitant*. M. Duclos inspire cette liberté pour tous les *a* nazals qui s'ecrivent par *en*, & qu'on ecriroit par *an*: par exemple, dans ce mot *entendement*, *antandemant*, où cet *a* se trouve trois fois; mais cela ne pourroit point s'observer pour *cent*, nombre, *accent* & semblables, à cause du *c* qui y deviendroit dur come dans *camp*, *campus*, à moins d'y mettre la cédille: ni pour les mots qui finissent en *gent*: ex. la *gent*, *diligent*; à moins d'y faire précéder l'*a* d'un *e* muet, pour adoucir le *g*, come l'on fait dans *mangeant*, ou de ponctuer ce *g*, ainsi que l'on verra plus bas.

Rem. sur la Gram. de P. R. chap. 5.

Il y a des adverbes qui finissent en *mment*, avec un *e* etymologique dans l'avant-dernière syllabe: ex. *différemment*, *eloquemment*, *evidemment*, *sciemment*: il semble que rien n'empêche d'y mettre un *a* à la place de cet *e*, puisque ces mots se prononcent de même que ceux où il y a un *a*, tels que *constamment*, *incessamment*, *indé-*

Art. XX.

pendamment, *instamment*, *nonchalamment*, *notamment*, *nuitamment*, *vaillamment*, *vigilamment*; & même si l'on n'y entend que l'*m* de la dernière syllabe, ne faudra-t-il pas suprimer l'*m* de la précédente, ou si l'*a* est nazal, le faire suivre d'une *n* ?

Quant à *ennui* & ses dérivés, je ne trouve point d'inconvénient à les ecrire par un *a*, à moins qu'on ne veuille suprimer la première *n*, come dans le mot espagnol *enejo*, dont il tire probablement son origine ; mais alors il faudroit en changer la prononciation. Il sera plus facile de réduire le mot *ennemi* à une *n*, *enemi*; puisque son etymologie, *inimicus*, & sa prononciation y sont conformes. J'en dis autant d'*Etienne*, nom propre, *Chrétienne*, &c.

Pour ce qui est du mot *femme* venant de *fœmina*, je pense qu'on peut, selon l'ancien usage, l'ecrire par un *a*, *fame*, come on a fait *dame* de *domina*.

Les *e* suivis d'une *s* dans une même syllabe, ont souvent un accent qui fait voir s'ils sont fermés ou ouverts : exemples, *aimés*, *flatés*, *procès*, *succès*; mais quelquefois ils ne ſont pas accentués, & néanmoins ils ne ſont pas muets pour cela, come dans ces petits mots, *les*, *des*, *ces*, *mes*, *tes*, *ſes*.

A leur occaſion, des Auteurs modernes répandent de nouvelles ténèbres ſur notre Langue.

M. Boulliette avance qu'on doit prononcer en *a* ces petits mots, enſorte que, ſelon lui, il faut dire *las homes*, *mas amis*. Peut-être quelques Provinciaux, même d'eſprit, les prononcent-ils ainſi : mais ſur quel principe ſont-ils fondés ? je n'en puis deviner aucun. Je ſais que, come dit M. de Vaugelas, *l'uſage eſt le tyran des Langues*; mais l'uſage de ces perſones n'eſt que de quelques particuliers : leur uſage ne fait donc pas encore une règle, & il n'y a pas d'apparence qu'il deviène jamais aſſez général, pour avoir droit de bourgeoiſie parmi nous : en tout cas il ne ſerviroit qu'à renverſer l'analogie de notre Langue, & à rendre notre Orthographe toujours plus défectueuſe : ainſi l'on ne peut trop-tôt s'y oppoſer.

M. Valart dit que l'*e* de ces mots eſt fermé dans le diſcours familier, & *Princ. de lecture & d'ort. 1763.*

qu'il eſt ouvert dans le diſcours ſoutenu, mais quelque habile que ſoit cet Auteur, il faudroit en outre, pour le croire, que ſon ſentiment fût etaiié de celui de pluſieurs Académiciens de renom.

M. Douchet prétend, de même que M. Valart, que l'*e* de ces petits mots, eſt toujours ouvert dans le diſcours ſoutenu; mais il met une diſtinction pour le diſcours familier: » on y prononce, dit-il, cet *e* par » l'*é* fermé clair, quand la lettre ini- » tiale du mot ſuivant, eſt une con- » ſone: exemples, *les champs*, *des* » *forets*, *mes deſſeins*: quand au con- » traire c'eſt une voiièle, on le pro- » nonce par l'*è* ouvert, *les enfants*, » *des années*, *mes amis*.

La prononciation de l'*è* ouvert dans ces petits mots, eſt plus ſupportable que celle de l'*a*, je penſe néanmoins, avec de bons Grammairiens, qu'il eſt mieux de conſerver par-tout la prononciation de l'*e* fermé dans ces mots: ou il faudra les accentuer différemment ſelon leurs différentes poſitions; ce qui eſt au-deſſus de la portée ou de l'attention de bien des perſones. Du moins cette variété

La Touche, Girard.

iroit-elle

iroit-elle à perfectioner notre Langue ? non, ce me ſemble. Les règles d'un Art les plus ſimples & les plus générales, méritent toujours la préférence.

Pour ce qui eſt de l'*e* ſuivi d'un *ſ* ſonante qui ſe trouve au comencement, au milieu ou à la fin des mots de pluſieurs ſyllabes, il paroit être toujours ouvert : exemples, *eſprit*, *deſtin*, *burleſque*, *céleſte*, *teneſme*, *Agnes*, *Aloes* : cependant il eſt à propos de mettre l'accent grave ſur ces derniers, de crainte qu'on ne les confonde avec quantité d'autres de notre langue, où l'*ſ* eſt muète dans cette ſyllabe finale.

Quant aux *e* ſuivis dans une même ſyllabe, d'une autre conſone qu'une *ſ*, ſouvent ils ſont fermés, come dans *nez*, *aſſez*, *pied*, *danger*, *clocher* : mais d'autres fois ils ſont ouverts, come dans *bec*, *ſec*, *ciel*, *chef*, *excluſion*, *il eſt*, *verd*, *net*, *billet*, *buffet*, *et* ou & conjonction, quoique la conſone ſoit muète dans ces cinq ou ſix derniers & leurs ſemblables, même devant un mot qui comence par une voïiéle. L'*e* eſt auſſi ouvert à la fin des noms en *ez* où l'on prononce toujours la dernière lettre : exemples ; *Alvarez*, *Ximenez*. Il en eſt de même des infinitifs & des autres mots en *er*, quand l'*r* s'y prononce : exemples, *aimer & prier un Dieu*, *cher*, *amer*, *cancer*, *enfer*. Il n'eſt aſſurément pas facile de faire comprendre tout cela à des enfants par des règles générales. Il faut par conſéquent accentuer ces *e* de la manière dont ils doivent être prononcés, ſurtout ceux dont la conſone ſuivante eſt toujours muète. Le ſieur Delaunay & quelques autres ont tâché de le faire dans des livres imprimés pour des enfants. Ils ſe ſont même ſervi d'un accent *perpendiculaire*, pour diſtinguer le ſon que *l'on dit* moins ouvert, de celui qui l'eſt davantage ; mais cette différence eſt ſi petite, ſi variable, & même miſe en uſage par ſi peu de perſones, qu'il ne me ſemble pas à propos d'emploiier l'accent *perpendiculaire*, d'autant plus qu'il pouroit être pris pour un grave ou pour un aigu, ſi peu qu'il pancheroit d'un côté ou d'un autre.

Je me ſuis ſervi de l'expreſſion *on dit*, ſans aſſurer que cette diſtinction eſt exacte ; parce que, ſi je ne me trompe, il faudroit diſtinguer l'*e* ouvert en bref & en long ; puiſqu'il me paroit n'être plus ou moins ouvert, que parce qu'on traîne plus ou moins la ſyllabe ; en ſorte que, dans le vrai, ce ſeroit le même ou preſque le même ſon, mais plus ou moins alongé. Je done pour exemple de l'è ouvert bref, l'è pénultième des mots *trompette*, *tendreſſe*, & le dernier d'*objet*, *placet* au ſingulier : & pour exemple de l'è ouvert long, l'è pénultième de *tempête*, *il s'empreſſe*, & le dernier de *procès* aux deux nombres, & d'*objets* & *placets* au pluriel. Il en eſt de même que de la ſyllabe *ai* qui eſt brève dans *laine*, il *fait* & dans *parfait* au ſingulier ; mais longue dans *chaîne*, *naître* & dans *parfaits* au pluriel.

Pour prononcer ces longues, il faut reſpirer un peu plus l'air, & par conſéquent ouvrir la bouche, un peu plus long-tems que pour les autres ; mais c'eſt foncièrement la même nuance de voix. Il me ſemble qu'il en eſt come d'une touche de jeu d'orgue. Qu'on paſſe légèrement le doigt ſur cette touche, le ſon en ſera-t-il plus clair, que ſi on y appuiioit long-tems le doigt ? non, ſans doute : mais le ſon ſera plus ou moins long, à proportion du tems que la touche sera baissée, c'est-à-dire, qu'elle tiendra ouverte la soupape du tuiiau, pour lui fournir du vent : ce qui est sa fonction. Convenons donc que dans tous les mots que je viens de rapporter, c'est le même *è* ouvert ; ou que s'il y a dans ces mots de la différence pour le son, elle est peu sensible, come M. Harduin, Secrétaire de l'Académie d'Arras, le dit, pour la voiièle *a*. Je pense même qu'elle vient principalement du plus ou moins de flexibilité qui se trouve dans les parties du corps, qui forment l'organe de la voix.

Rem. sur la pron. & l'ort. p. 6.

N'en est-il pas de même de la distinction que M. Harduin lui-même, M. Douchet, & peut-être d'autres Grammairiens modernes, mettent pour l'*o* simple & les voiièles composées *e u* & *e a u* qu'ils disent avoir un son clair & eclatant dans *rosse*, *sale*, *sot*, *à jeun*, *jeune* peu âgé, *peau*, *oiseau* : & un son sombre & obscur dans *rose*, *tome*, *globe*, *jeûne* abstinence, *vœu*, *beauté*, *Beaune* ville ?

A force de vouloir porter par-tout une précision mathématique, on a aussi appellé *é* fermé clair, celui qui termine la dernière syllabe des mots *bonté*, *bouché*, *boucle*, *copie* : & sombre celui des mots *chantez*, *nez*, *assez*, *clef*, *pied*, *aimer*, *sentier*, parce qu'ils sont suivis d'une consone, quoique muète.

Ces distinctions vont à augmenter les difficultés de notre Langue & à en dégouter les Etrangers, si ce que ces Auteurs regardent come différents sons, est véritablement le même, mais plus ou moins long, par la disposition de notre organe qui, selon la remarque du P. Buffier, se porte naturèlement alors à ouvrir la bouche pour former le son de l'è ouvert. M. Harduin convient lui-même qu'on le prononceroit fermé avec moins de facilité : il pouvoit dire que l'on éprouveroit même de la contrainte dans l'organe, pour tous les *e* initials qui font seuls une syllabe. J'en appelle sur tout cela, au témoignage des oreilles qui sont saines, & j'en attends la décision du Public eclairé.

VI. Un [illegible] peut lever l'equivoque des [illegible] comp[illegible] fausses [illegible]

Voici d'autres sortes de différences de prononciations qui embarassent les Començants.

N'est-ce pas une grande imperfection & une chose bien ridicule dans notre langue, de prononcer différemment les mêmes assemblages de lettres ? C'est cependant ce qui se trouve fréquemment, par raport aux syllabes composées des lettres *ai*, *ao*, *oi*, *eu*, *ua*, *ue*, *ui*, *ua*, *ae* & *eui*. Par exemple, on prononce *ai* diféremment dans les voïèles composées ou fausses diphthongues, *dais*, *mais*, *vrai*, & dans *j'ai* ou *j'aimai* qui, dans deux syllabes formées des mêmes voïèles, a deux sons différents. On prononce de même diféremment *ao* dans *paon*, *faon*, *Laon* ou *Laonois* nom de lieu, & dans *aoriste*, *taon* grosse mouche, *Laon* nom de saint, *Saone* rivière, ou *Saonois* nom de contrée : *oi* dans *oignon* ou *poireau*, & dans *foible* ou *conoître* : *eu* dans j'ai *eu* ou *gageure*, & dans *feu*, *fleur* ou *bleu*.

Quoi de même de plus bizare, que des assemblages de lettres, qui sont les mêmes dans différentes voïèles composées, & dans des diphthongues véritables, dont la prononciation est néanmoins si différente ! Par exemple, *ua* dans *qualité* & dans *aquatique* : *ue* dans *question* & dans *equestre* : *ui* dans *anguille* & dans *aiguille* ; dans *guise* maniere & dans *Guise* nom de lieu : *oi* dans *je lisois* & dans *je bois* : *oie* dans *ils avoient* & dans une *oie : e o i* dans *je gageois* & dans *asseoir* ; dans *je mangeois* & dans une *mangeoire*.

On voit qu'une partie de ces syllabes sont des diphthongues propres, véritables & auriculaires : & les autres des diphthongues impropres, fausses, oculaires & orthographiques, ou, pour parler plus juste, des voïèles-composées ; puisque, quoiqu'elles aiient les mêmes assemblages de lettres que des diphthongues, on n'y entend pas le son de plusieurs voïèles, mais d'une seule.

Ce n'est pas un moindre embaras pour des Començants, quand ils trouvent plusieurs syllabes très-différentes pour l'Orthographe, qui ont néanmoins la même prononciation, come *ai*, *ei*, *oi* & *eoi*, dans ces mots *chataigne*, *pleine*, *roide* & *grugeoit* : *e a*, *a o* & *a e* dans *rongea*, *Laonois* & *Caenois* : *œil*, *œuil*, *euil* & *ueil* dans *œil*, *œuillet*, *deuil* & *cercueil* avec beaucoup d'autres.

M. Douchet voudroit qu'on mît l'accent aigu sur les premières syllabes des mots *aiguière*, *aiguïlle*, *plaisir*, *pain*, *veine*, *peine*, *foiblesse*, *roideur*. Est-ce donc que ces syllabes se prononcent avec le son de l'*é* fermé ? Il le faudroit pour que le signe pût servir à montrer exactement la chose signifiée. Mais qu'on ecoute attentivement parler les persones qui passent pour avoir le plus bel usage de la langue, & même la plupart des autres qui parlent communément bien, je crois qu'on n'en trouvera aucunes qui, pour ne pas faire violence à leur organe, ne prononcent avec le son de l'*è*, un peu plus ou un peu moins ouvert, toutes ces syllabes en *ai*, *ei* & *oi*. Devra-t-on pour cela leur donner l'accent grave ? je le dirai ci-dessous.

Si l'on en croit M. Boulliette, M. Harduin & M. du Marsais* la voïèle-composée *ai* doit faire entendre le son de l'*a*, dans *douairière*, come si ce mot etoit ecrit *douarière* ; & la diphthongue *oi* doit faire entendre le son de *oa* dans *du bois*, *des noix*, come s'ils etoient ecrits *du boa*, *des noa* : tandisqu'on prononce autrement ces syllabes dans d'autres mots. N'est-ce pas là rendre notre Orthographe toujours plus bizare & plus difficile pour les Enfants & les Etrangers ?

M. Douchet & M. Harduin augmentent les Equivoques, quand ils

* [illegible] Diph-[illegible]

diſent que la voïièle-compoſée *a i* exprime quatre eſpèces de ſons, ſuivant les mots où elle eſt emploiiée ; ſavoir, le ſon de l'è fermé clair, come dans *aimer*, *aiguille*, *aiguière*, *plaiſir*, *paiis* : celui de l'é médiocrement ouvert, come dans *aime* : celui de l'è fort ouvert, come dans *glaive*, & celui de l'*e* muet, come dans *nous faiſons*. La voïièle-compoſée *e i* déſigne auſſi, dit M. Douchet, trois ſons différents, celui de l'é fermé clair, dans *ſeigneur*, *peigner*, *peiner* : celui de l'è médiocrement ouvert, dans *veine*, *peigne*, *peine*, *treize* : & celui de l'è très-ouvert, dans *Reine*. *reitre*. *ſeize*. De même l'*i* dela diphthongue *o i* a le ſon d'un è fort ouvert dans *Roi*, *loi*, *joie*, *proie*, *doigt*, *croix*, *devoir*, *pouvoir*, *boire*, *croire* : le ſon d'un è moins ouvert, dans *poiſon*, *poiſſon*, *moine*, *Antoine*, *poil* ; & celui d'un é qui approche du fermé clair, dans *emploiier*, *témoigner*, *emboiter*, *boiteux*. Selon le même Auteur, les voïièles-compoſées *a u* & *e a u* repréſentent quelquefois le ſon d'un *o* ſombre, come dans *ſaule*, *baume*, *beauté*, mais plus ordinairement celui de l'*o* clair, come dans *Paul* & *peau*.

Pour ce qui eſt de la prononciation nouvelle de l'*a i* en *e* muet, dans *nous faiſons* & d'autres tems du verbe *faire*, elle eſt, ſelon M. le Roi & M. Crévier, un néotériſme *contre le bel uſage*, ſelon M. Fromant, *contre l'analogie*, & ſelon M. Valart, *contre le génie de notre Langue*; je puis ajouter qu'elle gêne l'organe; enſorte que s'il y avoit un changement à introduire préſentement dans l'Orthographe & la prononciation du verbe *faire*, ce ſeroit de dire, come anciennement, au futur de l'indicatif, *je fairai* au lieu de *je ferai*; & à l'imparfait du ſubjonctif, *je fairois*, au lieu de *je ferois*: alors la conjugaiſon de ce verbe ſeroit uniforme & réguliére.

Quant à toutes les différences des ſons des autres ſyllabes, en fermé, clair ou ſombre, ouvert médiocrement ou fort, je penſe que ſi elles ne ſont pas tout-à-fait chimériques, elles ſont au moins preſque imperceptibles, & qu'elles viènent du plus ou moins de flexibilité, ou de la diffé-rente conformation de l'organe de la voix ou des oreilles de chaque particulier; ou de ce que l'on s'arrète plus ou moins long-tems ſur la ſyllabe. Du moins ces variétés peuvent-elles perfectioner la Langue ? c'est ce qui ne paroit pas. Il faut donc s'en tenir aux règles communes & générales. Les Enfants & les Etrangers en auront plus aisé.

M. de Voltaire, sans toucher à la prononciation ordinaire, a prétendu, pour lever l'équivoque de la syllabe *oi*, qu'il falloit ecrire par *ai* les mots ou *oi* ne fait qu'une voièle composée, semblable à celle qui est dans *Anglois* qu'il ecrit par *ai* *Anglais* ; & dans *François* nom de notre nation *je mangeois*, *je dirois*, *ils avoient* qu'il ecrit de même *Français*, *je mangeais*, *je dirais*, *ils avaient.*

Mais cet usage a ses inconvéniens, car outre qu'il renverse les analogies, on peut remarquer que la voièle composée *ai* a non-seulement le son de l'è ouvert ; come dans *vrai*, *mais* ; mais qu'elle a encore celle de l'é fermé, come dans les verbes *j'ai*, *je chantai*, *je lirai*, & dans les substantifs singuliers & pluriels, *un geai*, *des geais* ; *le quai*, *les quais* & semblables. Ainsi, ce seroit de nouvelles difficultés que cet Ecrivain fameux ne donne point, ni ceux qui l'ont suivi ou devancé dans cette Orthographe : ce qui ſait dire à M. l'Abbé Girard de l'Académie Françoiſe, qu'il *regarde cette entrepriſe come une témérité.* Il avoit eſſaiié lui-même ce changement en 1716, dans ſon traité d'*Ortographe Françaiſe ſans Equivoques & dans ſes principes naturels* : mais dans la ſuite, quoi qu'il s'embaraſſât peu des reproches de novateur en ce genre, il a reconu ſon erreur. Il faut donc chercher quelqu'autre moiien de lever l'Equivoque de la ſyllabe *oi*, & des autres de cette eſpèce.

Vrais princ. de la Langue Franç. to. 2.

Or, il me paroit convenable à cet effet, de mettre l'accent grave ſur l'*i* de la ſyllabe *oi*, lorſque cette lettre y a le ſon de l'*è* ouvert, & qu'elle y forme une vraie diphthongue, come dans ces mots *Roi*, *bois*, *Moine*, *noix*, *je dois*, *droit* ſubſtantif, *François* nom propre d'home, *Gaulois* & *Danois* noms de nations, une *oie*, une *mangeoire*, qui ſe prononcent come s'ils etoient ecrits, *Roè*, *boè*, *Moène*, *je doè*, *droè*, *Françoè*, *Gauloè*, *Danoè*, *oèe*, *mangeoère* : au lieu que les deux lettres *oi* ne donent enſemble que le ſon de l'*è* ouvert ſimple, dans *foible*, *roide*, *droit* adjectif, *François* & *Po-*

lonois noms de nations, *j'aurois*, *je mangeois*, *ils lisoient*. & leurs semblables; c'est pourquoi l'on n'y ajouteroit point d'accent, & par-là ils seroient différenciés des précédents, qu'on ecriroit *Roì*, *bòis*, *Mòine*, *je dòis*, *dròit* substantif, *Françòis*, *Gaulòis*, *Danòis*, une *òie*, une *mangeòire*. On pouroit aussi placer l'accent grave sur l'ò de *fòible*, *ròide*, *dròit* adjectif, *Françòis* & *Polonòis* nations, *j'auròis*, *je mangeòis*, *ils lisòient*, &c, pour faire conoître que cet ò vaut un *e*, lequel joint à l'*i* suivant, fait la syllabe *e i* qui se prononce come un è ouvert, ainsi que je l'ai remarqué cidessus. Par ces moiiens on fixeroit la prononciation douteuse de plusieurs mots, tels que *croire*, *croître*, *etroit*, *adroit*, *froid*, qui se prononcent de différentes manières, même par des persones lettrées.

M. Valart & d'autres proposent de lever cette Equivoque, en ecrivant par un è ouvert la voiièle-composée *o i* qui rend le son de cet *è*: exemples, *un Francès*, *une Anglèse*, *j'aimès*, *tu lirès*: mais cet expédient occasioneroit une autre Equivoque plus dangereuse, savoir, pour le sens de pluſieurs mots, puiſqu'on ecriroit, ainſi que cet Auteur le dit lui-même ailleurs, *il armoit* come *un armet.* Ne ſeroit-ce pas auſſi dénaturer les mots, ſurtout les verbes, & faire eclipſer les règles des conjugaiſons ?

L'expédient le plus facile, s'il plaiſoit à notre nation, ſeroit de reſtituer par tout à la ſyllabe *oi* ſon ancienne prononciation, je veux dire, de la faire ſoner come la diphtongue *oè*. On eviteroit par-là bien des difficultés que les Etrangers, & ceux qui n'ont pas un grand uſage du monde, trouvent à ce égard. Je dis *l'ancienne prononciation* ; car, d'où vient le ſaint Inſtituteur des Frères-Mineurs a-t-il eu le nom de *François*? c'eſt, diſent les Hiſtoriens, parce qu'il avoit apris la Langue Françoiſe pendant ſa jeuneſſe. On l'a donc appellé pour lors dans ſa patrie par ſobriquet, come l'on appelloit ceux qui etoient nés dans le Roiiaume. Ainſi l'on prononçoit le nom de notre nation, come s'il eut eté ecrit par un *oè*, puiſqu'on prononçoit de cette ſorte le nom de l'Auteur de l'Ordre des Mineurs. Il y a tout lieu de croire que l'on prononçoit encore de même dans le ſiècle dernier. On en a usé à l'egard du nom de notre nation & de plusieurs autres de l'Europe, come on a fait depuis peu d'années, pour *Charolois* & *harnois* qui se prononcent aujourd'hui *Charolet* & *harnet*, selon la remarque de M. Duclos.

Pour ce qui est des mots *oignon* & *poireau*, les lettres *oi* y ont le son simple de l'*o*; c'est pourquoi l'on fera bien de les ecrire ainsi sans *i*, *ognon*, *poreau*, à l'exemple de plusieurs bons Auteurs.

Quant à la voïèle composée ou fausse diphthongue *a i*, il conviendroit ce me semble, de la marquer d'un accent aigu sur l'*é* ou sur l'*á* quand elle a le son de l'*é* fermé, come dans *gai*, *quai*, *j'ai*, *je sais*, *je chantai*, *je lirai*, *geai* oiseau, où elle se prononce en effet come l'*é* dans *Curé* & *célébré*. Cela serviroit à faire voir que ces lettres *a i* n'y ont pas leur prononciation ordinaire de l'*è* ouvert, tèle que dans *je fais*, *je hais*, *un dais*, *la paix*, *le vrai*, *Mai* mois ou arbre, *araignée*, *chataigne*. Ainsi l'on ecrira avec un accent aigu sur l'*i*, *gaí*, *quaí*, *j'aí*, *je sais*, *je chantaí*, *je liraí*, *geaí* oiseau & leurs semblables; ou sur l'*á*, en cette manière ; *gái*, &c. On mettra de même cet accent ſur le ſecond *a i* de j'*aimai*, pour montrer qu'il a la prononciation de l'*é* fermé, tandiſque le premier retient la prononciation de l'*è* ouvert qu'on déſignera auſſi, ſi l'on veut, par l'accent grave qui ſe placera ſur l'*i* ou ſur l'*a*, en cette ſorte ; *je faìs*, *je haìs*, *un daìs*, *la paìx*, *le vraì*, *Maì*, *araìgnée*, *chataìgne*, *j'aìmai* : ou *je fàis*, *je hàis*, &c.

A l'égard de ces mots *j'ai eu*, *j'eus*, *nous eumes* & ſemblables, que nos ancêtres prononçoient en deux ſyllabes, *j'ai e-u*, *nous e-umes*, come il paroit par nos anciennes poéſies, ces deux lettres *e u* y ont préſentement le ſon d'un *u* ſimple, chez tous ceux qui parlent communément bien notre Langue ; tandiſqu'elles ont le ſon de l'*e* féminin ou ſombre dans *feu*, *bleu*, *Europe*, *heureux* & quantité d'autres. Ainſi l'accent grave appliqué ſur cet *u*, come un ſigne d'apeſantiſſement, marqueroit, ſi on le trouvoit à propos, que cet *u* ſone ſeul, & que la lettre précédente eſt abſolument muète, *j'ai eù*, *j'eùs*, *nous eùmes*. On pouroit auſſi, come M. Duclos, ſupprimer l'*e* qui précède l'*u*, en cette ſorte.

j'ai u, *j'us*, *nous umes*, *&c*; puiſque ces tems du verbe *avoir*, qu'on ecrivoit ſans doute anciennement par une *h* non aſpirée, *havoir*, come ſon latin *habere*, s'ecartent egalement de leur etymologie, de quelque manière qu'on les ecrive.

M. Valart dit que ces deux lettres *eu* ont toujours le ſon d'un *u* ſimple, quand elles ſont initiales, come dans *euchariſtie*, *euchologe*, *Eugène*, *eunuque*, *Euphrate*, *Europe*, *Euſtache*, *Euridice* : mais le ſentiment de ceux qui eſtiment au contraire, que ces lettres *eu* doivent y être prononcées come un *e* féminin ou ſombre, n'eſt-il pas appuiié ſur le bon uſage ? D'ailleurs, pourquoi prononcer ces lettres dans ces mots, autrement que dans *feu*, *bleu*, *peureux*, *heureux*, & beaucoup d'autres, où l'on fait entendre l'*e* ſombre ou voiièle-composée *eu* puiſqu'elle s'y ecrit ?

Pour ce qui eſt des lettres *ua*, *ue* & *ui* qui ſont de vraies diphthongues, dans *aquatique*, *equeſtre*, *equitation*, *equation*, *equiangle*, *equidiſtant*, *equilateral*, *equimultiple*, *quadrageſime*, *quinquageſime*, *quadrature*, *quadrupède*, *Queſteur*, *queſture*, *quin-*

quennal, *quinquennion*, *aiguiser*, *aiguille*, *suite*, *Suisse*, *truite*, & voïèles-composées dans *equilibre*, *equivoque*, *quarante*, *qualité*, *quadrat*, *quadruple*, *quaré*, *quareau*, *querèle*, *question*, *questionaire*, *alléguer*, *promulgué*, *anguille*, *deguiser*, *sanguinaire*, *vuide*, *&c.* : le croissant ou demi cercle qui est en usage dans des livres classiques, sur les voïèles qu'on veut marquer brèves, pouroit, en forme de signe distinctif, se mettre sur l'*u* des premiers mots, pour faire voir qu'il n'y est pas tout-à-fait-muet, quoiqu'il y soit très-bref : au lieu qu'on mettroit l'accent grave sur la voïèle *a*, *e* ou *i* qui sone seule dans les mots où les lettres *u a*, *u e* & *u i* ne sont pas diphthongues; afin de montrer que l'*u* qui précède, est entièrement muet, & qu'il faut s'apesantir sur la voïèle suivante. Cela s'exécuteroit en cette manière : *aqŭatique*, *eqŭestre*, *eqŭitation*, *eqŭation*, *eqŭiangle*, *eqŭidistant*, *eqŭilatéral*, *eqŭimultiple*, *qŭadragésime*, *qŭinqŭagésime*, *qŭadrature*, *qŭadrupède*, *Qŭesteur*, *qŭesture*, *qŭinqŭennal*, *qŭinqŭennion*, *aigŭiser*, *aigŭille*, *suite*, *Suisse*, *truite*, *&c.* *equìlibre*, *equìvoque*, *quàrante*, *quà-*

lité, *quàdrat*, *quàdruple*, *quàré*, *quàreau*, *quèrèle*, *quèstion*, *quèstionaire*, *allèguèr*, *promulguèr*, *anguìle*, *deguìser*, *sanguìnaire*, *vu de*, &c. Cependant come la diphthongue *u a* se prononce *o u a*, au lieu que l'o n'entre point dans la prononciation de *u e* ni de *u i*, ne pouroit on pas encore marquer cette différence, en mettant un point dans le croissant des premiers, en cette sorte (˘) *aquatique*, *equation*, *qüadragesime*, *quinquagesime*?

Que si l'on craint que ce *croissant* ne choque la vue, etant souvent répéré, il n'y a qu'à ne le mettre que sur les mòts où il peut facilement y avoir lieu à l'Equivoque, tels que les précédents : ou bien l'accent grave sur les voiièles-composées poura sufire, pour faire conoître qu'il faut prononcer come diphthongues, les syllabes où il ne se trouvera pas.

A présent on écrit communément par un *c*, *caré*, *careau*, *cadre* *cadran*, quoiqu'il y ait un *q* dans leur etymologie. On pourroit ecrire de même *cadrat*, terme d'Astrologie & d'imprimerie, puisqu'il a la même origine.

M. Bouilliette veut qu'on mette la

dierèse sur l'*u* dans *anguille* & semblables, mais on verra plus bas qu'elle y seroit très-mal appliquée.

L'accent grave, come caractéristique d'apesantissement, ne seroit-il pas aussi très-propre pour indiquer la vraie prononciation des voiièles composées *a o* & *a e*, s'il etoit mis sur celle qui sone dans ces mots *Làon*, *Làonois*, *fàon*, *fàoner*, *pàon*, *pàone*, *pàoneau* jeune *pàon*, *S. Laòn*, *Saòne*, *Saònois*, *Aòriste*, *taòn*, *Càen*, & *Càenois*, qu'on prononce, come s'ils etoient ecrits, *Lan*, *Lanois*, *fan*, *faner*, *pan*, *pane*, *paneau*, *S. Lon*, *Sône*, *Sônois*, *Oriste*, *ton*, *Can* & *Canois*?

Quant à ce mot *Aout* ou *Aoust*, mois de l'année, ne suffira-t-il pas d'avertir dans la *Grammaire*, qu'il se prononce en une seule syllabe, come s'il n'y avoit que les deux lettres *ou*, & non *A-ou* en deux syllabes. Il n'y a qu'à lire Lafontaine & d'autres bons Poètes, pour s'en convaincre. Il en est de même que d'*aouteron*, moissoneur, son dérivé, qu'on ne s'avise pas de prononcer *a-outeron*. Pour ce qui est de ces mots qui s'ecrivent par un *a*, *saoul*, *saouler*, il faut en retrancher cette lettre, à l'exemple de l'Académie Françoiſe, & l'on n'héſitera pas à prononcer *ſoul*, *ſouler*.

Si les critiques trouvent que ſelon les ſyſtêmes propoſés ci-deſſus, on multiplieroit trop les accents, & que l'ecriture en paroitroit toute hériſſée, je leur répondrai que pour diminuer une partie de ce qui leur déplait, on peut, ſans inconvénient, en ôter de quelques endroits où il y en avoit déja. Par exemple, les Imprimeurs ſont exacts à en mettre ſur tous les *e* qui commencent les mots, quand ces *e* font une ſyllabe, come dans *ébauche*, *écaille*, *école*, *écu*, *édit*, *égal*, *élan*, *émail*, *énigme*, *épreuve*, *équère*, *érable*, *étable*, *éternel*, *Éveché*. Cet accent etant toujours aigu, excepté ſur le mot *être*, où il eſt circonflexe, il devient inutile, & l'on pourroit ſe diſpenſer de l'y mettre : on le doit même, come nous le montrerons plus bas.

Quand la voïièle de la dernière ſyllabe d'un mot eſt un *e* muet, ſoit que cet *e* ſoit final, ou qu'il ſoit ſuivi d'une *ſ*, come dans les pluriels des noms ; ou des deux lettres *n t*, come dans les pluriels des verbes, l'*e* qui finit la syllabe précédente, est toujours ouvert : exemple *père*, *mère*, *frères*, *règle*, *siècles*, *planète*, *collèges*, *collègue*, *ils assiègent*, *ils diffèrent*, *ils possèdent*, *ils précèdent*. Or cet *e* paroit, à plusieurs bons Grammairiens, si naturelement ouvert, qu'ils n'y mettent point d'accent, excepté quand il est long, come dans *ancêtres*, *bêche*, *bête*, *crêpe*, *Evêque*, *extrême*, *fête*, *gêne*, *poëte*, *Prêtre* & leurs semblables. On pourroit se conformer au sentiment de ces Auteurs, & suivre leur exemple, du moins dans les ecrits & dans les livres qui ne sont pas pour des començants. Ce seroient encore bien des accents inutiles retranchés : & on les remplaceroit par d'autres plus utiles, que j'ai indiqués, pour faire conoître la vraie & précise prononciation de plusieurs voïèles simples ou composées, & les distinguer des diphthongues.

VII. Il faut ecrire par *œu* toutes les syllabes en *œil*, & celles en *ueil* & *eüil* qui sont précéd. d'un *c* ou d'un *a*.

L'Académie Françoise dans les dernieres editions de son *Dictionaire*, ecrit par *œu* les mots *œuil*, *œuillade*, *œuillet*, que quelques-uns ecrivent par un *e* simple & un *u*, *euil*, *euillade*, *euillet* ; & d'autres par *œ*, mais sans *u*, *œil*, *œillade*, *œillet*. Il est évident que la première de ces Orthographes, doit avoir la préférence sur la seconde; parce que ces mots viènent d'un mot latin qui comence par un *o*, *oculus*, & que nos anciens François ont eté de principe de changer l'*o* de la première syllabe en *œ*, come nous le voiions dans *œuf*, *bœuf*, *cœur*, *chœur*, *mœuf*, *mœurs*, *nœud*, *sœur*, & *vœu*. Cette même Orthographe est aussi meilleure que la troisième, parce que faute d'un *u* dans ces mots, on sera porté à les prononcer, come s'ils etoient ecrits, *cil*, *eillade*, *cillet*, ainsi que plusieurs les prononcent en effet : en quoi ils se trompent.

Il y a egalement de la bizarerie dans l'Orthographe d'autres mots, où, après un *c* ou un *g*, on trouve les syllabes *euil* ou *ueil*, & l'on peut, ce semble, les corriger de la même manière que les précédents. Le P. Buffier veut qu'on ecrive avec la syllabe-composée *e u*, ces mots *recueil*, *acueil*, *ecueil* & *cercueil* : mais cette Orthographe doneroit lieu à les prononcer faussement, come s'ils etoient ecrits *ressseuil*, *asseuil*, *esseuil* & *cerseuil*. M. l'Abbé Girard, pour eviter cet inconvénient, les ecrit avec la diphthongue *ueu*, *recueuil*, *acueuil*, *ecueuil*, *cercueuil*; mais elle porteroit à doner à ces mots un demi-ſon plus qu'ils n'ont; c'eſt à dire, que ce qui n'eſt véritablement qu'une voiièle-composée, ſe prononceroit par la diphthongue *ue* en cette maniere, *rekueuil*, *akueuil*, *ekueuil*, *cerkueuil*; ce qui eſt auſſi une faute.

Coment donc faire ? ſe demande M. Valart; il faut, répond-il, emploiier la triphtongue oculaire *œu* en cette ſorte, *recœuil*, *acœuil*, *recœuil*, & *cercœuil* auſquels il pouvoit ajouter, come M. de Wailly, *cœuillir* & d'autres mots ſemblables, pour ſuivre l'analogie & lever toute Equivoque. Cependant M. Valart & enſuite M. de Wailly, après avoir admis la fauſſe diphtongue *œ* dans ces mots, *recœuil*, *acœuil*, *ecœuil* & *cercœuil*, ecrivent par *u*, *orgueuil*, afin de lui doner, diſent-ils, la même prononciation; mais n'eſt-ce pas de la part de ces Grammairiens, une ſeconde faute contre l'analogie, & n'eſt-ce pas être contraire à ſoi même, de ne mettre, come ils font, qu'un *u* dans *orgueilleux*, & dans le verbe *s'enorgueillir*; afin, diſent-ils encore, de les faire prononcer en *eil*, c'est-à-dire, autrement que le substantif *orgœuil* d'où ils dérivent.

Passons présentement aux consones qui s'articulent tantôt d'une façon, tantôt d'une autre : & començons par l'*h* que quelques Auteurs disent n'être qu'une simple *aspiration*, & que plusieurs rangent même parmi les voïèles.

VIII. H *aspirée*, marquée par un *point*.

Quand faut-il aspirer ou ne point aspirer *h* ? Il n'est pas facile, je dis plus, il est presque impossible de l'aprendre par règles, parce qu'elles sont difficiles à retenir, & sujettes à beaucoup d'exceptions, come l'a montré M. l'Abbé d'Olivet, habile Académicien.

Préf. n. 36 Princ. de la Langue, dis. 14.

Selon des Auteurs acrédités, c'est une règle générale que l'*h* ne s'aspire point dans les mots françois qui la tiènent du latin ou du grec dont ils sont formés, & qu'elle s'aspire dans ceux qui n'en viènent pas. Quelques-uns n'exceptent que *héros*, *harpie*, *hennir*, & *héroïne* : d'autres ajoutent *haran*, *hargne*, *hideux*, *hiérarchie* : les uns n'exceptent que 4 ou 5 mots radicaux : les autres en exceptent beaucoup plus ; parce qu'il y a con-

C

testation entr'eux sur l'origine de plusieurs mots que les uns prétendent venir du latin ou du grec, tandis que d'autres soutiènent le contraire. On peut donc assurer avec M. l'Abbé Régnier, que c'est de l'usage seul qu'on peut aprendre la prononciation de l'*h*.

C'est ce qui fait dire à M. Girard » qu'il seroit, ce semble, à souhaiter » pour la perfection de l'ecriture, « come pour l'etude de la Langue, » qu'il y eût une marque distinctive » pour cette *h* aspirée, & qu'elle pût » être aussi-bien reçue du Public, que » la *cédille* pour le ç radouci. Tout » cela dépend de la sagacité de l'In- » venteur, & de la disposition qu'aura » ce siècle à goûter les choses utiles. » Un petit *point* au dessous, paroi- » troit-il un monstre? La postérité aura » peut-être plus de courage: ce qui » nous aura fait peur, poura lui plai- » re: plus avisée que nous, elle acor- » dera aux ieux la satisfaction de voir » toutes les articulations de cette let- » tre, & de conoître par eux-mêmes » que dans *hameau*, *haine*, *hampe*, » *heros*, *honte*, *huche*, *Hollande*, *Hon-* » *grie*, elle se prononce autrement

» que dans *habit*, *héroïne*, *hiſtoire*, » *honnête*, *humide*, *humble*, *hydro-* » *piſie*, toile d'*Hollande*, point d'*Hon-* » *grie*, eau de la Reine d'*Hongrie*. Quelle bizarerie !

On pouroit encore, come le propoſe M. Valart, contourner en dedans ou faire rentrer un peu, une jambe de cette *h*, & convenir qu'alors elle ſeroit aſpirée.

M. Douchet aime mieux une *cédille* ; mais les Eſpagnols l'aiant inventée pour ſervir de ſigne de radouciſſement, & les François l'aiant adoptée, pour faire cette fonction ſous le *ç*, ne ſeroit-elle pas déplacée ſous l'*h*, qui prend une articulation rude quand on l'aſpire ?

IX. Un *point* dans l'*h*, quand *h* a une prononciation graſ. & ſiflante.

La même marque de l'*h* aſpirée, pouroit ſervir à faire conoître quand ces lettres *ch* ont une prononciation graſſe, avec un petit ſiflement, tèle que dans *Achille*, *Archiduc*, *chanté*, *Chantre*, *chemiſe*, *Chérubin*, *chicane* *choſe*, *chute*. Ainſi, quand ce *point* ou toute autre marque ne ſeroit pas ſous l'*h*, on doneroit à *ch* la prononciation dure du *k*, tèle qu'elle eſt dans *Euchariſtie*, *Archange*, *Chalcédoine*, *Cherſonèſe*, *Chiromancie*, *chœur*, *echo*, *Melchisédech*, *orcheſtre*, *ſchirre*.

M. Douchet, après M. Girard dans ſon Traité *de l'Ortograſe Françaiſe*, dit qu'il faudroit ecrire tous ces mots par *k*, mais non *Chriſt* & ſes dérivés, par reſpect pour la Religion.

Sur quoi ſeroit fondée cette exception ? Eſt-ce que les Grecs qui ne conoiſſent que le *k* dans ces mots, ſont moins reſpectueux que nous ? Eſt-ce que ceux qui emploiïoient autrefois, ou qui emploient encore aujourd'hui le *k* dans le nom latin des Princes qui ſe ſont appellés *Charles*, manquoient ou manquent de reſpect ? Non, ſans doute : le *k* figurant auſſi-bien que *ch* dans la Langue Latine & même dans la Françoiſe, ne vaudroit-il donc pas mieux, pour rendre la règle générale, le mettre par-tout où *ch* s'articulent come ce *k* ? On leveroit par-là tous les doutes qui ſe trouvent à cet egard dans notre Langue, & l'on raprocheroit bien des mots de leur Orthographe originaire.

X. S radoucie marquée par une *cédille* ou par un *point*.

On ſait aſſez que, ſelon une règle générale, une *ſ* entre deux voïèles, a l'articulation du *z*, come dans *artisan*, *désert*, *poison*, *visière*, *présumer* : mais cette règle a une exception qu'il n'est pas possible à bien des persones de comprendre ; savoir, que quand le mot est composé, & que l'*s* fait le comencement de la seconde partie, alors cette lettre se prononce fortement come le *c* devant *e* ou *i* : ex. *Melchisedech*, *monosyllabe*, *parasol*, *préséance*, *présentir*, *vraisemblable*. J'ai dit, quand l'*s* fait le comencement de la seconde partie du mot ; car si c'est une voïèle qui comence la seconde partie du mot, alors l'*s* qui précède, se prononce come un *z* : exemples, *désarmer*, *deshériter*, *désopiler*, *dysurie*, *mésentendue*, *més-intelligence* ?

On excepte encore les mots composés de la syllabe *re* initiale, come, *resaler*, *resaliver*, *resasser*, *resembler*, *resentir*, *reserrer*, *resortir*, *resouder*, *resouvenir*, *résusciter* : mais cette exception a elle-même les siennes ; car on prononce *s* come *z*, dans *résoudre* formé de *soudre*, *résoner* formé de *soner* signifiant *retentir*, & *résurrection*, quoique dérivé de *résusciter* où *s* a une articulation forte.

Plusieurs, pour eviter l'Equivoque des *s* simples dans ces mots, en mettent deux en cette sorte, *ressaler*, *ressaliver*, *ressasser*, *ressembler*, *ressentir*, *resserrer*, *ressortir*, *ressouder*, *ressouvenir*, *ressusciter*, aussi-bien que dans les prépositions ou adverbes *dessus* & *dessous*, qui sont egalement des mots composés : mais par-là ils tombent dans un autre inconvénient; puisqu'ils induisent à prononcer fermé l'*e* de la syllabe *re*, quoiqu'il soit muet partout, excepté dans *resusciter*.

» Pour eviter cet embaras, dit M. de Wailly, » on pouroit ecrire avec » un trait-d'union, les mots dans lesquels l'*s*, quoiqu'entre deux voiièles, conserve le son qu'elle a dans » *sévère* : ex. *dé-saler*, *pré-séance*, *ré-susciter*, *de-sus*, *de-sous*, *re-sembler*, *re-source* : » mais, si le trait d'union n'estropie pas ces mots, parce qu'ils sont composés dans leur origine, ne les défigurera-t-il pas un peu ? ou du moins ne les rendra-t-il pas trop dissemblables à ceux qui sont egalement composés, & où néanmoins l'*s* a l'articulation du *z*, tels que *désarmer*, *deshériter*, *&c* ? où il faudra mettre aussi le trait-d'union dans ceux-ci, mais après l'*ſ*; puiſque c'eſt là que finit la première partie du mot.

On poura donc dorenavant ecrire ainſi, avec une *cédille*, ſigne caractériſtique de l'adouciſſement de la voix, *artiſ̧an*, *batiſ̧er*, *cauſ̧e*, *déſ̧ert*, *Egliſ̧e*, *ſaiſ̧an*, *gloſ̧e*, *héſ̧iter*, JEṢUS, *liſ̧oit*, *miſ̧e*, *Nyſ̧ibe*, *oſ̧er*, *poiſ̧on*, *quaſ̧i*, *quaſ̧imodo*, *raiſ̧on*, *réſ̧oudre*, *ſaiſ̧on*, *toiſ̧on*, *vaſ̧e*, *viſ̧er*, & tous autres, où l'*ſ* entre deux voïèles a l'articulation du *z*.

Quelques-uns aimeront peut-être mieux un *point*, qu'une *cedille*. En tout cas, ces *ſ* ainſi cédillées ou ponctuées, n'ont pas, ce ſemble, un air difforme, ſurtout les premières; parce qu'on eſt déja acoutumé à voir la *cédille* ſous le *c* radouci.

XI. En uſer de même pour l'*ſ* de la ſyllabe *trans* & de quelq. autres.

Une autre règle nous aprend que l'*ſ* dans la ſyllabe *trans*, ſe prononce fortement, quand elle eſt ſuivie d'une conſone: exemples, *tranſcrire*, *tranſférer*, *tranſgreſſer*, *tranſlation*, *tranſpirer*; & come un *z*, lorſque c'eſt une voïèle qui ſuit: exemples, *tranſition*, *tranſaction*. Il en eſt de même quand *ſ* ſe trouve devant un *d* ou un *b*, come dans *Eſdras* & *presbytere*, &

après *l* dans *Alſace* & *balſamine*; mais ceux qui prononcent de même *ſ* en *z* dans *auſtral*, *Urſace*, *Iſrael*, *jaſpe*, *perſécution* & leurs dérivés, font une faute groſſière, ſelon M. Valart. L'*ſ*, finale s'articulant toujours fortement en grec, on prononce l'*ſ* dans *dyſenterie*, come ſi c'etoit un *c*.

La raiſon pour laquelle l'*ſ* eſt douce dans *tranſaction*, *tranſiger*, *tranſition*, & *tranſitoire*, c'eſt que ſelon une règle générale, une *ſ* finale devant un mot qui comence par une voïièle, a l'articulation du *z*; qu'ainſi, ces mots etant compoſés de la prépoſition *trans* & d'*agere* ou *ire*, l'*ſ* y a retenu ſa prononciation. Il n'en eſt pas de même des mots *tranſir* & *Tranſilvanie*, parce qu'ils ne ſont pas compoſés. Pour ce qui eſt d'*Alſace* & de *balſamine*, c'eſt un uſage contraire à l'etymologie de ces mots.

Ne ſera-t-il donc pas très-comode pour ceux qui n'ont point apris à fond ces principes, ou qui n'ont pas aſſez d'uſage, pour en faire l'application ſans héſiter, de trouver cédillées toutes les *ſ* qui ont l'articulation douce du *z*, au milieu de ces mots, en cette ſorte, *tranȥition*, *tran-*

ṣaction, *Eṣdras*, *preṣbytere*, *Alṣace*, *balṣamine* ? Je dis *au milieu des mots* ; car, pour les *ſ* finales, à la réſerve de quelques-unes qu'on fait par l'uſage, ſe prononcer fortement, elles forment de même l'articulation douce du *z*, devant un mot qui comence par une voïèle, pourvu qu'on les prononce de ſuite ; exemples, *vos amis*, *les elus*, qu'on lit, come s'il y avoit, *vo-z-amis*, *le z elus*. Mais ces *ſ* finales ſont ſouvent muètes dans un diſcours interrompu, & le ſont toujours devant un mot qui comence par une conſone : exemples, *les Peres des premiers ſiècles*.

XII. *T* ramolli marqué par un *point* ou une *cedille*.

» Lorſque *t* eſt immédiatement de-
» vant un *i*, ſuivi d'une autre voïèle, dit M. l'Abbé Girard, » il varie de
» même ſon articulation, en y pre-
» nant celle du *c* dans beaucoup d'oc-
» caſions, & y gardant auſſi ſouvent
» celle qui lui eſt propre. Coment en
» faire la diſtinction ? cela n'eſt pas
» poſſible, autrement que par mé-
» moire & par education. Si l'on vou-
» loit aider les ieux, il faudroit ap-
» peller ici le *point* ſouſcrit ou proſo-
» dique que j'ai déja propoſé, pour
» diſtinguer *h* aſpirée : placé ſous *t*,

» il en indiqueroit le ramollissement, » & par ce moiien on verroit que *pri-* » *matie*, *portion*, *les portions*, *les* » *exemtions*, *des contentions*, *des in-* » *ventions*, *des exceptions*, *des objec-* » *tions*, *les intentions*, *quotien*, *par-* » *tial*, se prononcent autrement que » *sortie*, *question*, *bastion*, *Chrétien*, » *nous portions*, *nous exemtions*, *nous* » *intentions*, *nous contentions*, *nous* » *inventions*, *nous exceptions*, *nous* » *objections*. M. Douchet propose la même chose après M. Girard.

Pour moi, je pense qu'au lieu de mettre un *point* sous ce *t*, on fera mieux de le cédiller, come on a fait le *c* dans les mots *façade*, *façon*, *conçu*, & leurs semblables; parce qu'il y paroit plus d'analogie de la cédille au ramollissement du *t*, & que le *point* aura lieu assez naturèlement sur ou sous d'autres lettres, come on l'a vu, & come on le verra encore.

XIII. *l* mouillée marquée par une *cédille* ou un *point*.

Puisque nous n'avons point de caractère qui désigne ce qu'on appelle *l* mouillée, il est egalement à propos d'inventer quelque marque, pour faire voir quand *l* a cette articulation grasse ou obscure & douce, come en y ajoutant une *cédille* ou un *point*, dans le gout de l'Abbé de S. Pierre ; car souvent , à moins d'un grand usage , on ne sait quand l'articulation est mouillée, ou ne l'est pas. Par exemple, *exil* & *peril* s'ecrivent de même dans leur terminaison , & cependant l'*l* est mouillée dans celui-ci , & ne l'est pas dans l'autre. J'en dis autant de *crystal* & de *métal*. On mouille les deux *ll* dans *périlleux*, & non dans *métallique* , quoique dérivés l'un & l'autre de mots où se mouille l'*l* simple. On mouille de même les deux *ll* dans *fille* , *filia*, & non dans *ville*, *urbs* , qu'on prononce presque come s'il y avoit *vile*, *vilis*. Quelle Bizarerie ! Pour y apporter quelque remede , il faudroit donc marquer les *l* qui se mouillent, par un *point* , en cette sorte : *babil*, *babiller*, *bail*, *bailler* & *bâiller*, *conseiller* verbe, *Conseillier* substantif, *fille*, *métal*, *millet*, *mouiller*, *péril*, *œuillet*, *orgœuilleux*, *vermeil*, *vermillon*, *vétiller*, & leurs semblables. Le *point* souscrit convient ici d'autant mieux , qu'en prononçant les *l* de ces mots , on y fait sentir un *i* obscur qui n'y paroit pas. Quelques-uns aimeroient peut-être mieux le *point* sur l'*l* ; mais ne seroit-il pas dangereux de confondre par là cette lettre avec le véritable *i* ?

Une partie des mots où il y a une double *il* qui se mouille, l'ont tirée de l'étymologie : ex. *Bailli*, *bouillon*, *maillet*, *œuillet*, *railler*, *recœuillir*. Ainsi, il n'est pas surprenant qu'on l'ait conservée ; mais, pourquoi avoir mis cette double lettre contre l'etymologie, dans quantité d'autres mots, tels que *aiguillon*, *bataille*, *carillon*, *douillet*, *famille*, *feuille*, *lentilles*, *meilleur*, *merveille*, *oreille*, *papillon*, *veiller*, *vieille* ? Cette seconde lettre n'est-elle pas inutile pour la prononciation ?

XIV. Supprimer l'*l* finale & quelques autres consones qui ne se prononcent pas, ou le faire conoître par un zero, ou s'en tenir à quelques règles d'usage.

Des partisans de l'etymologie veulent nous tenir asservis à mettre *l* à la fin des mots *col* partie du corps de l'animal, *sol* monoie, que l'on prononce à présent *cou*, *sou*, dans ces sens. Il en est de même de *licol*. Un long usage peut seul aprendre à prononcer cette consone *l* come la voïèle *u*. Il faudroit donc convenir d'ecrire ces mots, come on les prononce, ou de les prononcer come on les ecrit. On a déja supprimé l'*l* final des mots *genou* & *vérou*, parce qu'elle y etoit inutile. Il paroit egalement permis de supprimer l'*l* des trois autres, & de lui substituer un *u*.

Ne faudroit-il pas aussi supprimer cette consone dans les mots *arsénal*, *baril*, *chenil*, *coutil*, *emeril*, *fusil*, *grésil*, *outil*, *persil*, *saoul*, *sourcil* & semblables, où les Auteurs disent qu'elle ne se prononce jamais, même avant un mot qui comence par une voièle? L'etymologie de plusieurs de ces mots ne seroit pas blessée par cette réforme, & pour les autres, elle ne le seroit pas plus que par le retranchement, à présent usité, de l'*l* au milieu des mots, *aulne*, *coulpable*, *faulx*, *faulcon*, *feultre*, *mouldre*, *paulme*, *poulce*, *poulmon*, *pulpitre*, *saulmon*, *saulter*, *souldoiier*, *soulfre*, *taulpe*, *tiltre* & leurs semblables.

C'est ainsi qu'on a aussi retranché de l'Orthographe, come de la prononciation, les *b*, *c*, *d*, *g*, *h*, *p* & *s*, qui etoient, selon l'etymologie latine, dans bien des mots, tels que *debte*, *debvoir*, *doubte*, *fiebvre*, *soubs*, *soubmettre*, *subjet*, *aucteur* ou *autheur*, *auctorité*, *conflict*, *contract*, *délict*, *défunct*, *distraict*, *droict*, *edict*, *fruict*, *instinct*, *laict*, *lict*, *parfaict*, *toict*, *sainct*, *sanctifier*, *sanctification*, *traicté*, *adjou-*

ter, *adjuger*, *adjourner*, *admodier*, *advancer*, *advenir*, *advertir*, *Advocat*, *je croids*, *je voids*, *bening*, *cognoistre*, *Magdelène*, *maling*, *prognostic*, *cholère*, *cholique*, *méchanique*, *patriarchal*, *stomachal*, *moult*, *doulx*, *doulce*, *coulteau*, *soulfre*, *achapt*, *apvril*, *baptesme*, *escript*, *nepveu*, *nopces*, *prompt*, *recepvoir*, *sepmaine*, *temps*, *Aoust*, *arrest*, *beste*, *cloistre*, *destruire*, *epistre*, *Estienne*, *estude*, *honneste*, *coste*, *maistre*, *monstrer*, *mestier*, *nostre*, *questier*, *respondre*, *souper*, *soustenir*, *tesmoins*, *vestir*, *vostre* & leurs semblables. On est même déja tèlement acoutumé à ne plus voir dans ces mots ces lettres superflues, quoique etymologiques, que si on les y retrouvoit, l'œuil en seroit choqué. Les anciens conservoient les etymologies, & ils prononçoient de même ; mais enfin l'usage d'une autre prononciation & d'une autre Orthographe a prévalu & il paroit qu'on peut s'y tenir pour ces sortes de mots.

Les Auteurs sont partagés surtout au sujet du *p* du mot *temps*. La plupart s'opposent à son retranchement, par la raison que l'on ne verroit plus le rapport qui doit être entre ce mot & ceux qui en ſont dérivés, *temporel*, *temporiſer*; mais ſi ce principe doit être ſuivi par-tout, il faudra rendre le *p* à ces mots *batême*, *neveu*, *nôces*; puiſqu'il s'eſt conſervé dans *baptiſmal*, *népotiſme*, *nuptial*, où le *p* s'ecrit & ſe prononce, & qui ont une même etymologie.

Que ſi l'on trouve plus à propos de conſerver l'*l* finale des mots dont on a parlé ci-deſſus, pour ne les pas confondre avec d'autres, ou parce que cette conſone eſt dans leur etymologie; alors, afin d'avertir le Lecteur qu'elle eſt toujours muète, même devant une voïèle, ne pouroit-on pas mettre un petit zéro [o] deſſous ou deſſus? J'en dirois autant des *c*, des *d*, des *f*, des *b*, des *p*, des *r*, des *ſ*, des *t*, des *x*, & des *ȝ* finales qui ne ſe prononcent jamais : mais come ce zéro feroit multiplier extrêmement les nouveaux caractères, & cauſeroit peut-être une difformité à la vue, on aimera mieux croire qu'il ſera ſuffiſamment remédié à toutes ces Bizareries, par l'uſage qui s'aprendra dans une Grammaire détaillée, tèle que je la deſtine pour les jeunes gens.

Voici des exemples des consones finales qui sont toujours muètes, selon de bons Auteurs, excepté en récitant des vers : 1°. des *c* dans *almanac*, *estomac*, *tabac*, *arsenic*, *acroc*, *banc*, *flanc*, *jonc*, *tronc*, *marc* de raisins, ou poids de huit onces: 2°. des *d* dans *fard*, *gand*, *nid*, *gond*, *chaud*, *verd*, *blond*, *rond*, *sourd*, *crud*, *nud*: 3°. des *f* dans *clef* & *cerf* aux abois: 4°. des *g* dans *harang*, *rang*, *seing*, *poing*, *faubourg*: 5°. des *p* dans *camp*, *champ*, *coup*, *loup*, *syrop*, *drap*: 6°. des *r* dans *boulanger*, *etranger*, *le souper*, *acier*, *bénitier*, *cavalier*, *entier*, *Financier*, *Monsieur*: 7°. des *s* dans *cannevas*, *chamois*, *coutelas*, *camus*, *chassis*, *Denis*, *debris*, *dos*, *embaras*, *glacis*, *Nicolas*, *propos*, *repos*, *reclus*, *souris*, *talus*, *à tâtons*, *travers*, *verjus*: 8°. des *t* dans *arrêt*, *aprêt*, *prevôt*, *impôt*, *goût*: 9°. des *x* dans *crucifix*, *chaux*, *croix*, *epoux*, *flux*, *poix*, *prix*, *porte-faix*, *salsifix*, *toux*, *voix*: 10°. du *z* dans *nez*.

XV. Diversité de pratiques & d'opinions au sujet des consones doubles: les uns les con-

Des Grammairiens même acrédités, sont fort partagés de sentiments au sujet des *consones doubles*. Il en est de même de l'usage des bons Auteurs modernes. Les uns conservent toutes les Consones doubles, & plusieurs en retranchent une partie, tandis que d'autres en conservent quelques-unes, & en retranchent d'autres sans raison ni principes. Voici mes réflexions sur ce sujet.

Il ne s'agit point ici des consones doubles qui se prononcent, come les deux *l* dans *allusion*, *alluvion*, *appellatif*, *belliqueux*, *collation d'un bénéfice*, *collectif*, *constellation*, *gallace*, *gallicane*, *illégitime*, *illicite*, *illuminé*, *illusion*, *illustre*, *syllabe*, *syllogisme* & semblables; parce qu'elles s'y prononcent, & qu'elles se trouvent dans l'etymologie. J'en dis autant des consones *cc*, *dd*, *gg*, *mm*, *nn*, *rr* & *ss*, dans ces mots *accelerer*, *accent*, *succès*, *succint*, *addition*, *suggérer*, *immatriculé*, *immense*, *immobile*, *immortel*, *immuable*, *annuel*, *inné*, *innover*, *arrogant*, *erreur*, *errant*, *horreur*, *abhorrer*, *irréconciliable*, *irregulier*, *irréprehensible*, *irréprochable*, *irrité*, *narrations*, *terreur*, *terrible*, *terrestre*, *résurrection*, *je courrai*, *je mourrois*, *inaccessible*, & plusieurs autres. Mais il s'agit ici des consones doubles qui ne se prononçant que come une seule, se trouvent néanmoins doubles, par un certain usage contre l'etymologie, ou sans raison d'etymologie : doit-on les conserver, ou les réduire à une ?

La question est intéressante pour l'Orthographe : cependant Messieurs de l'Académie Françoise n'ont point encore jugé à propos de la décider absolument, & même plusieurs de nos Grammairiens modernes ont affecté de n'en rien dire. Du moins M. Douchet, dont l'ecrit imprimé en 1762, n'a pour but que l'Orthographe Françoise, auroit dû en parler ; mais il a gardé là-dessus un profond silence ; apparament, parce qu'il a cru que sa pratique de doubler les consones partout indistinctement, devoit faire règle. il n'en a pas eté de même de M.M. Restaut & Leroi ; mais ils ne sont pas d'acord sur tous les points, & quelquefois ils se contredisent eux-mêmes.

Valart, de Wailly.

M. Leroi, après avoir dit qu'il faut avoir recours à la racine des mots, & se conformer, autant qu'il est possible, à l'Orthographe de la Langue dont ils sont dérivés, ecrit

Tr. de l'Orthog. préf. du dict.

néanmoins, par exemple, avec un double *tt*, *bette*, *dette*, *complette*, *muette*, *replette*, *ſecrette*; tandis que par la conſidération de l'etymologie, dit-il, il ecrit avec un *t*, *batu*, *flater*, *frite*, *pâte*, *diète*, *diſcrète*, *inquiète*. M. Reſtaut par le même motif, leur ajoute, *complète*, *replète*, *ſecrète*. M. Leroi ecrit de même par un ſeul *t*, *cagote*, *ragote*, *ſote*, fondé, dit-il, ſur l'uſage, au lieu que M. Reſtaut les ecrit par deux *t*: lequel croire? Je pourois en dire autant ſur la double *rr*, & faire voir que ces Auteurs abandonent quelquefois leurs principes.

Quelques-uns diſent que la raiſon pour laquelle on a doublé les conſones, dans pluſieurs mots, contre l'etymologie, c'eſt afin de faire prononcer ouvert l'*e* qui les precède; come dans *chandelle*, *quérelle*, *voïelle*, *formelle*, *réelle*, *univerſelle*, *chrétienne*, *qu'il vienne*, *dette*, *muette*. Mais alors il ne s'agiroit que de mettre l'accent grave ſur cet *e* qu'on veut faire ouvert: quoiqu'il n'y ſoit pas néceſſaire; parce que, ſelon les principes de quelques Grammairiens & de M. Reſtaut lui-même, l'*e* qui précède immédiatement un *e* muet dans un mê-

La Touche, Buffier, Launay.

me mot, mais dans différentes syllabes, est naturèlement ouvert.

M. Restaut, pour empêcher la suppression d'une de ces consones doubles, qui ne se trouvent pas dans la Langue originale, dit qu'elles sont nécessaires, pour rendre brève la voïèle qui les précède, au lieu que si l'on n'en laissoit qu'une, cette voïèle deviendroit longue, come dans *poèle*, *poèlon*, *zèle*, *S. Côme*, *dôme*, *cône*, oiseau, *trônes*, *tempête*.

Mais j'ose dire que cette raison est démentie par l'expérience : car M. Restaut lui-même, avec d'habiles Grammairiens, tels que M M. de la Touche & d'Olivet, aussi-bien que l'usage, nous aprennent que la voïèle qui précède une consone double, est souvent longue, & que celle qui n'est suivie que d'une consone, est très-souvent brève.

Voici des exemples de ces sortes de longues, *Abbesse*, *aguerri*, *amasser*, *barré*, *basse*, *Bonne* ville, *de la bourre*, *casse*, *chasse de* reliques, *charrue*, *chassis*, *classe*, *confesser*, *endosser*, *flamme*, *fossé*, *fourrer*, *grasse*, *grosseur*, *laisser*, *lasser*, *larron*, *manne*, *masson*, *marri* contrit, *pourrir*, *presse*, *rofesse*, *terrain*, que *j'aimasse*, que *j'avertisse*, que *je pusse*, *je courrai*, qu'il *courre*, *j'edorrois*, vous *verrez*.

Exemples de brèves avant une consone simple : *Agate*, *agrafe*, *aromates*, *badiner*, *baril*, *bergame*, *boule*, *bricole*, *cabane*, *cédule*, *chicane*, *comploter*, *consoler*, *cornète*, *courez*, *déclamer*, *devote*, *dispute*, *docile*, *doter*, *diffamer*, *dupe*, *etape*, *essame*, *ecarlate*, *fidèle*, *flote*, *fortune*, *flute*, *grater*, *truite*, *immoler*, *interprète*, *laine*, *Mari* epoux, *minute*, *mourons*, *Notaire*, *organe*, *Pape*, *plume*, *Poète*, *poursuite*, *profane*, *racine*, *rame*, *rebuter*, *rime*, *Rome* ville, *salope*, *scandale*, *stipuler*, *trame*, *voler*.

Concluons donc avec M. l'Abbé Fromant, que le principe de redoublement de la consone, pour avertir que la voïèle précédente est brève, se trouve faux, inutile & déraisonnable. Suppl. à la Gramm. gen. & raisonée.

M. Restaut, après avoir dit qu'il faut doubler les consones dans *honneur* & *entonner*, pour faire conoitre que la syllabe qui précède cette double *nn*, est brève, ajoute qu'il faut ecrire par une *n*, *honorer*, *donation*, *intonation*; parce que l'*o* qui précède *n* dans les premiers, y a le son nazal *on* ; au lieu que dans les autres, il a le ſon pur de l'*o*.

Mais ce dernier principe détruit le premier ; car il ne paroit pas poſſible, ſans ſe gêner beaucoup, de prononcer *on* nazal dans ces mots, à moins de le faire long. D'ailleurs, il faudroit bien de l'attention, pour emploiier, tantôt une lettre double, & tantôt une ſimple, dans deux mots formés l'un de l'autre.

M. Leroi a-t-il eu le même motif que M. Reſtaut, pour ecrire par deux *n*, *Charbonnier*, *charbonné*, & par une ſeule, *carbonade*, come venant, dit-il, de *charboner* ? Il ecrit auſſi par une *n*, *donataire*, *donateur*, *donatif* & *donation*, & par deux, *donner* & *donneur* ; mais ſans dire d'où vient cette différence. L'etymologie ne devoit-elle pas former une même déciſion?

Les mêmes Auteurs ont doné pour une règle générale, que quand la lettre *a* entre dans la compoſition d'un mot, come prépoſition, en ſorte que ce qui la ſuit, fait un mot françois, elle fait doubler la lettre initiale du ſimple : exemples, *acclamation*, *accoler*, *accompagner*, *accoucher*, *ac-*

coutumer, *affamer*, *affoiblir*, *affermir*, *aggraver*, *aggrandir*, *allaiter*, *alliter*, *alligner*, *allonger*, *allumer*, *annotation*, *appaiſer*, *apparoître*, *arranger*, *arrenter*, *aſſocier*, *aſſujettir*, *attendrir*, *attriſter*; parce qu'ils ſont composés de la prépoſition *a*, & des mots, *clameur*, *col*, *compagnie*, *couche*, *coutume*, *faim*, *foible*, *ferme*, *grave*, *grand*, *lait*, *lit*, *ligne*, *long*, *lumière*, *note*, *paix*, *paroître*, *rang*, *rente*, *ſociété*, *ſujet*, *tendre*, *triſte*, ou de leurs dérivés.

Ils exceptent tous les composés dont les ſimples comencent par un *d*, une *m* ou un *r* : exemples, *adoucir*, *amener*, *avilir*.

M. Reſtaut excepte auſſi tous ceux dont les ſimples comencent par un *b*, ſavoir, *abaiſſer*, *abatardir*, *abatre*, *abéquer*, *abetir*, *aborder*, *aboutir*, formés de *baiſſer*, *bâtard*, *batre*, *bec*, *bête*, *bord* & *bout*. M. Leroi n'excepte que les trois derniers, & il ne parle pas d'*abrutir* ; mais pour les composés de *bref*, il y double le *b*, *abbrégé*, *abbreviation*, tandis que M. Reſtaut le met ſimple dans *abrégé*, quoiqu'il en ait deux dans l'origine, *abbrevio*, verbe latin.

M. Restaut excepte aussi généralement tous les mots qui comencent par un *a* suivi d'un *b* : exemples, *abandoner*, *aboi*, *abolir*, *abreuver*, *abuser*, *&c.* hors le seul mot *Abbé* & ses composés ; tandis que M. Leroi double le *b* dans *abboi* & *abbreuver*. Ce dernier aiant pour simple, *breuvage* ou *boire*, M. Restaut auroit dù le joindre à *abaisser* & aux autres de la même classe.

Voilà bien de la contrariété & une grande diversité de sentiments, dans deux Auteurs modernes qui passent pour exacts ; mais quand ils seroient uniformes, il y auroit encore là trop d'exceptions d'une règle qui ne paroit être d'aucune utilité pour la prononciation, & qui d'ailleurs n'est nullement appuiiée sur l'etymologie.

Après ces observations, ne trouvera-t-on pas 1°. que l'usage de ce redoublement, est intolérable dans les mots où il est contre l'etymologie, tels que *chandelle*, *cruelle*, *formelle*, *querelle*, *veille*, *vieille*, *voiielle*, *comme*, *comment*, *commencer*, *femme*, *homme*, *nommer*, *pomme*, nous *sommes*, *bonne* adjectif, *chrétienne*, *nenne*, *consonne*, *couronne*, *donner*, *entonner*, *Etienne*, *etrennes*, *honnête*, *honneur*, *ordonnance*, *personne*, *sonner*, *Sorbonne*, *tonner*, *guitarre*, *oberré*, *muette*, *replette*, *secrette*, &c. qu'on ecrira dans la suite, *chandèle*, *cruèle*, *querèle*, *voiièle*, *come*, *bone*, *consone*, *etrènes*, *honeur*, *guitare*, *oberé*, *muète*, &c.

2°. A l'article XIII. où il s'agit des doubles *ll* mouillées, j'ai raporté parmi les exemples, *conseiller* verbe, *Conseillier* substantif, *fille*, *millet*, *périlleux*, *vermillon* qui n'ont qu'une *l* dans la Langue latine dont ils ont eté tirés. Ne pouroit-on pas egalement retrancher une de ces consones, en mettant cependant le *point* ou la *cédille* sous l'*l* qui resteroit : puisque celle-ci ne prendroit pas moins la prononciation grasse, douce ou mouillée, que l'*l* solitaire des substantifs *conseil*, *mil* graine, *péril*, *œuil*, *vermeil* ; & qu'après cette *l* grasse, on n'entend que ces syllabes *er*, *ier*, *e*, *et*, *eux*, *on*, en cette sorte, *conseil-er*, *Conseil-ier*, *fil-e*, *mil-et*, *péril-eux*, *vermil-on* ? Ne pouroit-on pas pour la même raison, ecrire aussi avec une *l* seule, *bailer*, doner,

& *baiier* ouvrir la bouche, toujours diférents à la vue & au son, de *bêler*, faire le cri de la brebis, de même *mouiler*, *orgœuileux* & semblables qui n'ont point d'*l* dans leur Langue originale ?

3°. Pour ce qui est des autres mots, où le redoublement des consones s'est fait sans aucune raison d'etymologie, ni de prononciation, ou autre motif solide, il est à propos de réduire ces consones doubles à une simple, savoir, dans *accabler*, *accorder*, *succer*, *addresser*, *addoucir*, *affaire*, *affreux*, *affriandé*, *effroiiable*, *affut*, *aggrandir*, *alier*, *allier*, *allumer*, *coller*, *folle*, *Gilles*, *malle*, *ancienne*, *connoître*, *paiisanne*, *appaiser*, *apprenti*, *appui*, *envelopper*, *arracher*, *arriver*, *larron*, *serrer*, *botte*, *flatterie*, *frotter*, *motte*, *quitte*, *cornette*, & beaucoup d'autres, qu'on poura ecrire *acabler*, *acorder*, *sucer*, &c. come plusieurs le pratiquent depuis longtems.

4°. Quant aux mots où il y a, par raison d'etymologie, des consones doubles qui ne se font entendre que come une simple, coment eviter l'ecueil, & être averti de ne pas articuler les deux conſones? Des perſones habiles ſont d'avis d'en ſupprimer une; mais, par reſpect pour l'etymologie, d'autres eſtiment qu'on pouroit ſe contenter de mettre un zéro ſur la prémière de ces conſones, afin de faire voir qu'elle ne ſe prononce point du tout, quoiqu'elle ſe joigne à la voiièle précédente dans l'*epellage*, & dans la *ſyllabation*. On pouroit auſſi mettre l'accent grave ſur la ſeconde de ces conſones, qui s'articule toujours: ce caractère eſt dès ſon origine emploiié à marquer l'apeſantiſſement de la voix; c'eſt pourquoi il feroit ſa fonction ſur la conſone qui doit être articulée, come je l'ai déja propoſé pour des voiièles principalement. Que ſi l'on trouve que ce zéro, ou cet accent, etant ſouvent répété, deviendroit déſagréable, & chargeroit trop l'imprimerie de nouveaux caractères, il faudra alors prendre l'uſage, pour la ſeule règle de prononciation dans ces cas, & ſupprimer peu-à-peu les conſones ſuperflues à cet egard, come le ſont bien des Auteurs.

Epeller, c'eſt nomer chaque lettre d'une ſyllabe, come, *p*, *a*, *pa*; *t*, *e*, *r*, *ter*; *pater*. *Syllaber*, c'eſt prononcer d'un ſeul coup de voix la ſyllabe entière: ex. *Pa-ter noſ-ter*, come l'on fait pour la langue grèque & l'hébraïque.

Voici des exemples de mots où l'on n'entend qu'une des conſones redoublées par etymologie : *Abbé*, *abbreger*, *sabbat*, *accuser*, *occasion*, *occuper*, *afficher*, *effet*, *effigie*, *effleurer*, *difficile*, *office*, *offrir*, *suffrage*, *exaggerer*, *bulle*, *belle*, *college*, *distiller*, *elle*, *imbecille*, *mille*, *moelle*, *molle*, *nulle*, *pupille*, *Sybille*, *tranquille*, *ville*, *anagramme*, *commende*, *commerce*, *commode*, *communion*, *flamme*, *grammaire*, *mammelle*, *année*, *anneau*, *innocent*, *apparoître*, *appeller*, *appliquer*, *approuver*, *opposer*, *opprimer*, *supprimer*, *corrompre*, *terre*, *asseoir*, *casse*, *epaisse*, *expresse*, *presse*, *grosse*, *professe*, *attente*, *attention*, *lettre*, *degoutter*, venant de *goutte gutta*, & leurs dérivés.

XVI. Retablir le *c* dans des mots dont on l'a ôté contre l'etymologie, & l'y prononcer. Rendre au *g* sa vraie articulation dans les mots où on lui a substitué celle du *c*, & au *d*, la sienne au lieu de celle du *t*, qu'on lui a donnée.

Autrefois on ecrivoit & l'on prononçoit par un *c*, le mot *cangrene* contre son etymologie, & depuis peu on lui a substitué un *g* pour faire *gangrene*, ainsi qu'il convenoit ; mais on en a agi tout autrement pour *cicogne* & *eclogue*, dont on a ôté le *c* etymologique, pour lui substituer le *g* qu'il n'avoit pas ; puisqu'on prononce & qu'on ecrit à présent, *cigogne*, *eglogue*. La plupart prononcent à présent come un *g*, le *c* de *Claude*, *Claudine*, *ſecret*, *Secrétaire*.

Bientôt, peut-être, on changera de même *eclat*, *eclange*, *&c.* en *eglat*, *eglange*, *&c.* ſi Meſſieurs de l'Académie ne s'oppoſent fortement à ces innovations qui ne peuvent que nous attirer le blâme & la riſée des Etrangers.

Mais quelle raiſon allèguera-t-on de cette réforme du *c* dans *cicogne* & dans *eclogue* ? Pourquoi prononcer *Glaude*, *ſegret*, *&c.* tandis qu'on ecrit *Claude*, *ſecret*, *&c.* ſelon l'etymologie latine ?

C'eſt, diront quelques-uns, pour adoucir la prononciation. Coment donc, la prononciation du *k* ou *c* dur, ſouvent entremélée du *c* doux dans notre Langue, n'y fait-elle pas une nuance qui a ſon agrément ? D'ailleurs les Auteurs de ce changement, ni le Public qui l'a adopté, n'ont pas eu probablement le motif qu'on allègue, puiſqu'au contraire on a doné au *g* l'articulation du *k* à la fin de pluſieurs mots, tels que *joug*, *ſang* & *long* devant une voïèle : exemples, *mon joug eſt doux*, *un ſang echauſé*, *ſuer ſang & eau*, *long eſpace*, *long hiver* : ce qui ne me paroit pas raisonable.

N'est-on pas aussi peu fondé en raison, au sujet des *d* qu'on prononce come des *t*, devant un mot qui comence par une voiièle : exemples, *un froid extrême*, *mettre pied à terre*, *tenir pied à boule*, *de pied en cap* ? Il en est de même de cette expression, *de fond en comble*, mais non de cette autre, *un fond inépuisable*. J'en dis autant des adjectifs en *n d*, qu'on prononce come *n t* devant leurs substantifs qui comencent par une voiièle : exemples, *grand orateur*, *grand home*, *second héritage*, *profond abyme* ; tandis qu'on laisse à ces *d* leur articulation propre, quand les adjectifs sont au féminin devant un mot qui comence par une voiièle : exemples, *grande ame*, *seconde observation*, & qu'on les rend muets, si le mot qui suit les adjectifs, n'est pas leur substantif : exemples, *grand & gros*, *il est le second en tour*.

On remarque la même différence d'ecriture & de prononciation, dans ces mots, *perd-il ? prend-il ? qu'attend-elle ?* N'est-ce pas y dénaturer le *d*, que de le faire articuler ainſi come un *t?*

Il en eſt de même du mot *cheval* que les uns prononcent *ch'fal*, & d'autres *j'val*, afin qu'il n'y ait qu'une emiſſion de voix. On dira tant qu'on voudra, qu'il faut que les conſones qu'on raproche ainſi par une ſyncope, ſoient toutes fortes, come *ch'f*, ou toutes foibles come *j'v*. Si cette raiſon examinée de près, ſe trouve fauſſe, come le ſoutiènent d'habiles Grammairiens, il ne faut prononcer ce mot, ni de l'une, ni de l'autre façon, mais uniquement *cheval*, come il eſt ecrit. J'en dis autant des conſones *bſ*, *bt*, & *pv* dans les mots *abſtrait*, *obtenir*, *cap-verd*, & ſemblables que pluſieurs font prononcer *apſtrait*, *optenir*, *cab-verd*. Ce ſont là de faux rafinements qui n'aboutiſſent qu'à changer la nature & l'uſage de nos lettres, & à rendre notre Langue plus difficile à aprendre.

XVII. Etablir l'uniformité pour la prononciation des *n* finales, ou doner une marque aux nazales.

L'uſage a introduit dans notre Langue des voiièles nazales, mais il n'en a pas fourni les caractères ; c'eſt pourquoi nous ſomes obligés, pour indiquer cette prononciation, d'emprunter les voiièles ordinaires & de leur joindre une *n*, & quelquefois une *m*.

Pour ce qui eſt des voiièles nazales qui finiſſent par une *m*, come dans les mots *Adam*, *rempli*, *imbu*, *nom*, *parſum*, n'eſt-ce pas une néceſſité impoſée à l'organe de la voix par le Créateur, de faire entendre une *n* & non une *m*, quand on prononce du nez ces ſortes de voiièles ? Si donc on conſerve cette dernière conſone dans l'ecriture de quelques mots, ce ne peut être que par reſpect pour leur etymologie ; & hors ce cas, ne doit-on pas lui ſubſtituer l'*n* : par exemple, dans *chambre*, *emploi*, *tromper*, *parfum*, *emmaillotter*, *emmener*, *emmieler*, *embarquer* ? Des Auteurs le font déja pour ces quatre derniers verbes & ſemblables, qu'ils ecrivent par une *n*, *enmaillotter*, *enmener*, *enmièler*, *enbarquer*, come etant compoſés de la prépoſition *en*.

Eſt-il bien vrai que, come le diſent des Grammairiens, *i m* ont le ſon nazal dans *immenſité*, *immoler*, *immortel*, *immuable* . . . & non dans *immatriculé*, *immédiat*, *immodeſte* . . ? D'où viendroit cette différence, &

coment la faire conoître aux Lecteurs peu expérimentés ?

Le P. Buffier & d'autres donent pour règle constante, qu'on ne doit point du tout faire sentir l'*m* qui se trouve à la fin d'une syllabe, lorsque la suivante comence par une *n* : exemples, *automne colomne*, *damner*, *solemnel*, qu'il faut prononcer *autone*, *colone*, *daner*, *solanel* : ils exceptent *automnal*, *amnistie*, *calomnie*, *hymne*. *indemne*, *indemnité*, *Memnon* & quelques autres où l'*m* se prononce d'un son fort & non nazal ; ce qui peut causer de l'embaras. Y auroit-il donc quelque moiien de faire conoître ces différences ?

Chez les autres nations de l'Europe, surtout chez les Allemands, la prononciation est plus uniforme : ils n'emploient point les nazales, ni dans leur propre Langue, ni dans la latine, ni même dans la nôtre, lorsqu'ils comencent à la parler.

Cette articulation, ou plutôt ce son, a sans doute son agrément ; mais du moins il faudroit qu'il y eût là-dessus des principes constants, & qu'on ne vît point une même syllabe finale, avoir tantôt un son nazal,

& d'autres fois ne l'avoir pas ; car on la conserve, par exemple, aux noms substantifs dans ces phrases : *Adam a souffert la faim & la soif. C'est du parfum excellent, un plan utile, un bien avantageux, un dessein honnête, un venin actif, un charbon ardent* ; au lieu que si l'*n* se trouve à la fin des pronoms & des adjectifs suivis immédiatement de leurs substantifs, on la prononce come si elle etoit suivie d'un *e* muet, ou si elle etoit redoublée : exemples, *mon ame, bon ami, ancien historien*, qu'on prononce *mone ame, bone ami, anciène historien.* Que si cependant c'est la syllabe *in* qui finit le mot, alors l'*n* se détache, pour ainsi dire, de son mot, afin de se joindre à la voiièle suivante : exemples, *divin amour, fin or*, qu'on prononce *divi-n'amour, fi-n'or.*

Le pronom *un* se prononce de même devant un substantif & devant un adjectif : exemples, *un home, un aimable home* ; mais ailleurs il prend le son nazal : ex. *un & deux.*

L'adverbe *bien*, le substantif *rien* & les particules *on* & *en* eprouvent les mêmes variations suivant leurs différentes positions. Ce qui fait de notre

Langue, un assemblage d'Equivoques & de Bizareries d'autant plus frapantes, que les Gens de Lettres ne sont pas tous uniformes dans leur pratique sur ces points.

Nos François en ont usé autrement pour la prononciation de l'*n* & de l'*m* dans la Langue Latine ; puisqu'ils donent toujours la prononciation nazale à ces consones, quand dans une syllabe, elles sont suivies d'une autre consone, & quand elles finissent une syllabe au comencement ou au milieu des mots, excepté lorsqu'elles sont suivies d'une autre *n* ou *m* ; & qu'ils ne font jamais nazale l'*n* qui finit un mot. Les exemples suivants rendront sensible cette variété ridicule, *dans*, *sanctus*, *flent*, *cuncti*, *ambo*, *flammeum* : *contemplandam*, *ante*, *angustandum*, *annus*, *ensem*, *sententia*, *templum*, *implentem*, *impingentem*, *penna*, *incursim*, *intendens*, *incensum*, *innixam*, *pinnula*, *incommodum*, *incumbentem*, *concinnus*, *Onchestus*, *Oronthes*, *Ornithon*, *unda*, *umbella*, *cunctorum*, *fundamentum*, *oriundum*. L'usage excepte *omnis* & ses semblables.

Ne feroit-on pas mieux de laisser partout à cette Langue, sa prononciation originaire, ainsi que faisoient nos Anciens? M. Rollin le conseille pour l'*u* en particulier, qui devroit soner *ou*, come il le sone quelquefois, même en françois, par exemple, dans *aquatique*, *equation*, *quadragésime*, où l'on entend le son *oua*.

Suppl. au T. des etudes.

La plupart, en voulant mettre tout à la françoise, défigurent non seulement la prononciation du latin, mais encore celle des Langues vivantes, même des noms propres de lieux & autres de l'Allemagne, &c. Pourquoi, par exemple, ne prononceroit-on pas sans un son nazal come les Allemands, *Ensisheim*, *Kempten*, *Manheim*, *Mergentheim*, *Steiten*?

Quant aux mots de notre Langue, ne seroit-il pas à souhaiter que Messieurs les Académiciens indiquassent pour tous, une prononciation uniforme, & qu'ils eussent, s'il etoit possible, toute l'autorité nécessaire pour la faire adopter, ou que nous eussions des marques pour indiquer quand & coment la prononciation doit varier?

XVIII. Marquer différemment les différentes articulations de l'*x*:

Il y a encore plus de difficultés pour l'articulation de l'*x*, puisqu'il se prononce de cinq ou six façons différentes. Coment des Enfants &

des Etrangers pouront-ils les bien ſavoir par principes & les retenir, ſi cette lettre ne porte pas des ſignes qui en déterminent l'articulation? L'uſage & la routine peuvent ſeuls aprendre que *luxe*, *exil*, *excès*, *dixaine* & *ſoixante* ont chacun une prononciation particulière, & que l'*x* s'articule dans *Xaintes* & dans *Auxerre* autrement que dans *le Vexin* & *l'Auxerrois*; & dans *Luxembourg*, autrement que dans *Vixerai*, *Xouſſe*, *Xocourt*, & d'autres noms de lieux.

ou même en borner l'uſage à celles de *ſ* & de *g z*, en ſuprimant ailleurs cette lettre, & lui ſubſtituant celles dont elle fait l'office.

Cſe fait l'articulation propre de l'*x*, c'eſt pourquoi il faut le laiſſer dans ſa ſimplicité, partout où il s'articule ainſi : exemples, *taxer*, *vexer*, *fixer*, *elixir*, *luxure*, *oxicrat*; mais ne pouroit-on pas mettre une cédille au-deſſous de celui qui ſe prononce come *gze*, dans *exaucer*, *exemple*, *exil*, *exhaler*, *exhorter* & ſemblables; & un petit *c* au-deſſus de celui qui ſe prononce come un *k* ou *c* dur, dans *excès*, *exciter*, *exceller*, *excepter* &c.? Ne pouroit-on pas egalement mettre une cédille à la jambe droite de celui qui ſe prononce come un *z* : exemples *ſixaine*, *dix-huit*? Ne pouroit-on pas auſſi placer un accent grave au-deſſus de celui qui ſe prononce come une *ſ* forte : exemples, *Bruxelles*, *Auxerre*, *ſoixante*, & *dix-ſept* ?

La Touche, Richelet, Girard, Joubert, Reſtaut, Valart, de Wailly.

Pluſieurs Grammairiens de renom font prononcer *e x* ſuivis de la ſyllabe *ca*, *co* ou *cu* dans *excaver*, *excorier*, *excuſer* & autres ſemblables, come s'ils etoient ecrits *eſcaver*, *eſcorier*, *eſcuſer*; mais n'eſt-il pas à propos de rappeller cet *x* à ſon articulation naturèle ? il y auroit moins d'Equivoques & de Bizareries. Pour ce qui eſt des noms de lieux où l'on prononce l'*x* come *ch* doux, ils ſont en ſi petit nombre, qu'on pouroit en abandoner l'articulation à la liberté de ceux chez leſquels ils ſont en uſage.

M. Ménage, pour remédier aux Equivoques de l'*x*, conſeille un moiien plus court & plus facile que ceux que je viens de propoſer. Aiant eté conſulté de la part du Roi Louis XIV, pourquoi l'on avoit mis un *x* final à ces mots, *lieux*, *mieux*, *ceux*, *travaux*, *animaux* & *Dieux* pluriel, examina la queſtion, & trouva par le témoignage des anciens Grammairiens, que cet uſage avoit eté introduit pour empêcher que ces mots ne fiſſent equivoque avec d'au-

Obſerv. ſur la Lang. fran.

tres. En rendant compte de cette découverte, il observe » que cette raison est plus subtile que véritable ; » que les inconvénients qu'on craignoit, ne peuvent arriver ; que » l'emploi de l'*x* est plutôt venu de » ce que cette consone qui, parmi » les anciens Latins, tenoit lieu de » *cs* ou de *gs*, s'est prononcée dans la » décadence de l'Empire Romain, » simplement come une *s*; qu'aujourd'hui les Italiens, les Gascons & » les Provençaux la prononcent encore de même ; que d'ailleurs, come l'*x* à la fin des mots, semble faire » un plus bel effet à la vue que l'*s*, on » l'y a emploiié souvent au lieu de l'*s*.

Le prétexte de l'introduction de l'*x* dans différents mots, etant ainsi faux, frivole & mal fondé, je demande si l'on ne pouroit pas conclure, en suivant l'avis de M. Ménage, qu'il ne faut dorenavant emploiier l'*x* qu'aux endroits où il a sa prononciation ordinaire de *cs*, come en ces mots *Alexandre*, *apoplexie*, *dextrement*, *vexations*; ou de *gz*, come en ces autres, *exalter*, *exhalaison*, *exercice*, *exil*, *exorciser*, *exulcérer*. Aussi cet habile Grammairien remarque-t-il avec le ſavant du Cange, que dans les manuſcrits françois qui ſont au-deſſus de quatre cents ans, il n'y a guères que ces ſortes de mots qui ſoient ecrits par un *x*. N'eſt-ce pas par-là nous inviter à rappeller ſur ce point, l'uſage primitif ? Et voici ce qu'il faut examiner pour y procéder avec ordre.

L'*x* eſt placé à la tête des mots, ou dans le corps des mots, ou à la fin des mots.

Il ne s'agit point ici de l'*x* qui comence les mots, come dans *Xerophagie*, *Xercès*, *Xénophon*, parce que cet *x* initial a toujours la prononciation de *cſ*, excepté dans *Xaintes*, *Xaintonge* qu'on doit plutôt ecrire par une *ſ*, ſelon leur prononciation & leur etymologie,

Pour ce qui eſt de l'*x* qui eſt dans le corps des mots, & qui s'y prononce au moins de cinq façons, come on vient de le voir dans *luxe*, *exil*, *excès*, *dixaine* & *ſoixante* ; il n'y a qu'à le laiſſer avec ſa forme ordinaire dans *luxe* & ſes ſemblables, pour y faire entendre *cſ*; come auſſi dans *exil* & autres qui s'ecrivent de même, mais en y marquant l'*x* d'une cédille, caractériſtique de radouciſſement, afin de l'articuler *gz* ; au lieu qu'on pouroit ſubſtituer à l'*x* un *c* dans *excès*, un *z* ou une *s* cédillée dans *dixaine*, & une double *ſſ* ou une *ſ* forte dans *ſoixante*, en cette ſorte, *eccès*, *dizaine* ou *diṣaine*, *ſoiſſante* ou *ſoiſante.* Par ce moïen, ſeroient levées toutes les Equivoques cauſées par l'*x*, dans ces mots & ſemblables.

Quant à l'*x* final, il faut examiner s'il termine au pluriel des noms qui ne l'admettent pas au ſingulier, & qui y ont même une terminaiſon toute différente, come *cieux*, *ceux*, *animaux*, *ieux*, *travaux* qui ſont au ſingulier *ciel*, *celui*, *animal*, *œuil*, *travail.* Dans ce cas ne convient-il pas de prendre le parti de les réduire à la règle générale qui eſt de leur doner une *s*, *cieus*, *ceus*, *animaus*, *ieus*, *travaus?* On en feroit de même à l'egard de *deux* ſignifiant *duo*, de l'adverbe *mieux* & de ſemblables. M. Duclos un de nos Maîtres, a déja mis cette réforme en pratique.

J'en dis autant des noms, ſoit ſubſtantifs ou adjectifs en *a u*, *e a u*, *e u*, *œ u*, *i e u* & *o u* auſquels on done communément un *x* final pour diſtinguer le pluriel du singulier : ex. *le genou*, *un bureau*, *le feu*, *un vœu*, *un lieu*, *un caillou*, *un vérou*. Pourquoi en effet ne leur pas doner une *s*, come on fait à ces mots *bleu*, *hibou*, *matou*, *mou*, *trou* qui, suivant la règle générale, s'ecrivent au pluriel, *bleus*, *hibous*, *matous*, *mous*, *trous* ?

Que s'il s'agit des mots qui au singulier même, finissent par un *x*, je dis que quand ce sont des mots d'autres Langues, qui sont devenus françois, sans eprouver de changement dans leur structure, come *Ajax*, *Alix*, *Beatrix*, *Borax*, *Felix*, *index*, *larinx*, *medianox*, *onix*, *phénix*, *Pollux*, *Sphynx*, *Storax*, *Styx*, il n'y a qu'à les laisser avec leur air etranger, & même leur joindre *perplex* & *préfix* : l'*x* final y a la prononciation dure du *c s* de leur Langue originaire.

Mais si ce sont des mots vraiment françois, come *la paix*, *de la chaux*, *une faux*, *de la poix*, *la voix*, *la croix*, *une noix* : y auroit-il de l'inconvénient à substituer à cet *x*, un *t* ou une *s*, ou même, sous le bon plaisir des Poètes, à retrancher absolument cet *x* sans aucun rempl ment, en cette manière, *la pai*, *de la chau*, *une ſau*, *de la poi*, *la voi*, *la croi*, *une noi*; en ſorte que pour en faire des pluriels, il n'y auroit qu'à leur ajouter une *ſ*? Il n'importe pas que ces mots aient un *x* final dans leur etymologie latine, *pax*, *calx*, *falx*, *pix*, *vox*, *crux*, *nux*; puiſqu'il y en a egalement dans *lex*, *nix* & *nox*, qu'on ecrit néanmoins en françois, *loi*, *neige*, *nuit*. *Apex*, *codex*, *grex*, *atrox*, *Dux*, *fallax*, *ilex*, *trux*, *velox*, *vertex*, & pluſieurs autres en ont bien, ſans qu'on ſe ſoit aviſé non plus de les traduire par des mots terminés en *x* : tandis que, par une véritable Bizarerie, on en a doné un à *Chaſſieux*, *epoux*, *généreux*, *gueux*, *houx*, *inſidieux*, *porte-faix*, *prix*, *toux*, *ſcrupuleux*, & beaucoup d'autres qui n'en avoient point dans leur origine : c'eſt pourquoi, afin de rendre la réforme générale & analogue, on pouroit encore peut-être leur ôter l'*x* au ſingulier, & leur doner une *ſ* finale au pluriel.

XIX. Etendre la règle qui fait terminer par une *ſ* les premieres per-

Suivant une règle générale, les verbes qui n'ont pas un *e* muet final, à la premiere perſone du préſent ſingulier de l'indicatif actif, come *je mar-*

fones du présent de l'indicatif. Mettre de l'uniformité dans cette partie de l'Orthog.

che, *je souffre*, *j'ouvre*, *je cœuille*, y ont une *s*: ex. *je benis*, *je dois*, *je dors*, *je fais*, *je meurs*, *je plais*, *je parois*, *je reçois*, *je sais*: cependant plusieurs ecrivent sans *s*, à la première persone, *je croi* & *je hai*, sans alléguer aucune raison solide pour autoriser cet usage Il faut donc ecrire ces mots avec une *s*, come leurs semblables.

Ne faut-il pas au contraire retrancher cette lettre *s* du présent singulier de l'indicatif du verbe *puer*, qu'on ecrit *je pus*, *tu pus*, *il put*, & lui substituer un *e* à la première persone, le faire précéder de la même lettre *e* à la seconde, & mettre un *e* à la troisième au lieu du *t*; puisque des persones qui passent pour bien parler, prononcent effectivement ces *e* en cette sorte, *je pue*. *tu pues*, *il pue*? Cela est même nécessaire pour se conformer à la conjugaison des verbes en *er*, qu'on lui fait suivre dans tout le reste. Par-là, on diminuera le nombre des verbes irréguliers, qui est trop grand dans notre Langue. D'ailleurs, par-là on distinguera ce verbe, du parfait eloigné ou défini du verbe *pouvoir*, qui est aussi *je pus*, *tu pus*, *il put*, come l'a fort bien remarqué M. de Wailly.

Selon une autre règle générale, les verbes en *oir*, tels que *devoir* & *recevoir*, ont une *ſ* finale à la première & à la seconde perſone du préſent de l'indicatif, cependant on done un *x* à ces perſones des verbes *mouvoir*, *pouvoir*, *valoir* & *vouloir*, en cette ſorte, *je meux*, *tu meux*; *je peux*, *tu peux*; *je vaux*, *tu vaux*; *je veux*, *tu veux*: & ce ſans aucune raiſon. Mais M. l'Abbé Girard, M. Duclos & d'autres, ecrivent tous ces mots par une *ſ* finale, afin de les rendre analogues aux règles de leur conjugaiſon. Pourquoi ne les imiterions-nous pas?

Une autre règle dit que les verbes en *dre* & en *pre*, ont à la première & à la ſeconde perſone de l'indicatif *ds* & *ps* : exemples, *coudre*, *mordre*, *moudre*, *perdre*, *pondre*, *rendre*, *tondre*, *tordre*, *rompre*, qui font *je couds*, *tu couds*; *je mords*, *tu mords*; *je mouds*, *tu mouds*; *je perds*, *tu perds*; *je ponds*, *tu ponds*; *je rends*, *tu rends*; *je tonds*, *tu tonds*; *je tords*, *tu tords*; *je romps*, *tu romps* : pourquoi met-on dans l'exception, *abſou-*

dre, *craindre*, *défendre*, *répandre*, *peindre*, *joindre*, *résoudre*, *prendre* & ses composés *reprendre*, *comprendre*, *surprendre*; qu'on ecrit à présent sans *d*, *j'absous*, *tu absous*, *je crains*, *tu crains*; *je défens*, *tu défens*; *je répans*, *tu répans*; *je peins*, *tu peins*; *je joins*, *tu joins*; *je résous*, *tu résous*; *je prens*, *tu prens*; *je reprens*, *tu reprens*; *je comprens*, *tu comprens*; *je surprens*, *tu surprens*? Il seroit, ce semble, à propos de les ecrire tous come ceux-ci, si l'on n'aime mieux les ecrire tous come les premiers; car on ne peut trop travailler à rendre générales les règles d'une Langue. C'est le vrai moiien de lever bien des difficultés.

XX.

Le *point* pourroit marquer quand les syllabes *gna*, *gne*, *gni*, *gno*, *gnu*, ont une articulation mouillée, & tenir lieu de l'*e* qui dans des syllabes, suit le *g* pour le radoucir.

Les syllabes *gna*, *gne*, *gni*, *gno*, *gnu* retiènent la prononciation ferme & dure dans les mots françois qui nous viènent du grec, tels que *gnome*, & *gnostique* : & pour ceux qui viènent du latin, les unes ont la prononciation ferme, come dans *cognation* & *regnicole*; d'autres l'ont mouillée, douce & nazale, come dans *magnanime*, *magnifique*, *régner*, *ignorer*. On prononce de même *gn* dans cette expression, *garder l'incognito*. Mais *gn* ont la prononciation mouillée dans les mots françois qui vienent ni du grec, ni du latin, tels que *montagnard*, *bignet*, *ſaignée*, *Seigneur*, *trognon* de chou. Or, un très-grand nombre de perſones ne peuvent ſavoir les origines de ces mots : cette conoiſſance ne ſuffiroit pas même pour les mots qui ſont tirés du latin ; puiſqu'il y a différentes ſortes de prononciations pour ceux qui vienent de cette Langue, come je viens de le dire. Ne ſeroit-il donc pas à propos, pour lever l'Equivoque, de ponctuer ainſi le *ġ* des ſyllabes qui ont la prononciation douce, & de laiſſer les autres dans leur etat naturel ?

Autrefois, pour conſerver au *c* l'articulation douce, on lui joignoit un *e* muet dans tous les tems des verbes en *ier* & *cevoir*, où il y avoit à la ſuite un *a*, un *o*, ou un *u* : ex. *nous comenceames*, *nous commerceons*, *vous receutes*, *il receut* ; mais depuis peu on a retranché cet *e* muet, & l'on s'eſt contenté de cédiller le *c* en cette ſorte, *començames*, *commerçons*, *reçutes*, *reçut*. Ne ſeroit il pas à ſouhaiter que l'on en uſât de même pour les verbes en *ger*? Je l'avois propoſé ;

mais les Imprimeurs & les Fondeurs de caractères m'ont répondu que la consone *g* remplissant toute la hauteur des caractères, on ne pouvoit placer la cédille dessous, & qu'on ne pouvoit non plus la placer à côté, sans difformité, à cause de l'espace qui se trouveroit entre ce caractère & le suivant.

Si donc on ne peut pas mettre la cédille, pour tenir lieu de l'*e* muet qu'on place dans plusieurs mots, entre un g & un *a*, un *o*, ou un *u*; afin de doner au *g* l'articulation douce de la consone : ne pouroit-on pas couroner ce *g* d'un point, pour montrer qu'il représente le *j* : exemples, *mangeant*, *il songea*, *il obligeoit*, *la rougeole*, *une gageure*, qu'on ecriroit, *mangant*, *il songa*, *il obligoit*, *la rougole*, *une gagure*? Cela rendroit plus simple, plus régulière & plus analogue, la conjugaison des verbes en *ger*; d'ailleurs le *g* n'aiant dans ces mots, que l'effet de la consone *j*, le signe représenteroit précisément la chose signifiée.

Les Allemands, entr'autres nations, prononcent toujours le *g* dur, c'est-à dire, en *gne*; au lieu que nous le le confondons en latin & en françois, avec le *j* devant *e* & *i* : exemples, *Angelus*, *Gigas*, *manger*, *bougie* ; tandis que nous lui laiſſons ſa prononciation naturèle devant *a*, *o*, & *u* : exemples, *legam*, *rego*, *gubernacula*, *gagouin*, *goinfre*, *goſier*, *guttural*. De cet uſage bizare de la conſone *g*, une fois établi, il eſt arivé que quand on veut lui doner une articulation douce, devant un *a*, un *o*, ou un *u*, on met entre-deux un *e* muet : exemples, *mangea*, *Geolier*, *gageure* ; & qu'au contraire, ſi l'on veut lui reſtituer ſa prononciation dure devant *e* & *i*, on met un *u* entre-deux : exemples, *conjugué*, *guimauve* ; quoique ſouvent ces voïèles poſtiches & ſur-ajoutées, ſoient contre l'etymologie de ces mots. Nous ne pouvons pas eſpérer de voir changer là-deſſus notre prononciation : nous pouvons donc au moins, ce me ſemble, changer notre Orthographe, en faiſant uſage du *point*, come je l'ai propoſé.

XXI. Moïiens de lever les Equivoques des ſyllabes *gua*, *gue*, *gui* & *guo*.

Que peuvent penſer des Començants, quand on leur fait prononcer différemment, ces mots *arguer* & *narguer*, *aiguiſer* & *déguiſer*, *cigue* & *figue*, *aigue* adjectif féminin d'*aigu*,

& *aigue-marine* ou *Aigues-mortes*, subſtantifs & autres ſemblables, quoiqu'ils ſoient ecrits de même ? C'eſt une Orthographe bien capricieuſe, qui ne peut qu'embaraſſer tous ceux qui ne ſont pas beaucoup exercés dans la lecture, & qui par conſéquent, auroit beſoin d'être corrigée. Voici ce qu'en dit M. Valart.

Gram. Fr. l. 1 c. 2. & Princ. de lect. & d'orthogr. p. 24 & 34.

» Ces deux lettres *gu* miſes de » ſuite, expriment toujours le ſon du » *g* dur, c'eſt-à-dire, de *gue*, & ſont » toujours ſuivies de quelqu'une de » ces quatre voiièles *a*, *e*, *i*, *o*, come » on voit dans les mots ſuivants, *il* » *vogua*, *il vogue*, *j'ai vogué*, *guide*, » *voguons* : mais dans le plan d'Ortho» graphe que l'uſage a etabli, elles » ne ſont jamais ſuivies de la voiièle » *u*. Cependant l'analogie de la Lan» gue veut que come on a dit *gua*, » *gue*, *gui*, *guo*, on achève, & on diſe » auſſi *guu*, de même qu'on dit *qua*, » *que*, *qui*, *quo*, *quu*, come on voit « dans les mots ſuivants, *quatre*, *qué*» *rèle*, *quiconque*, *quolibet*, *piquure* ; » *quelqu'une*. En effet dès que l'uſage » a une fois etabli que quand *g* ſera » ſuivi d'*u*, ces deux lettres *gu* ne » déſigneront jamais qu'un ſeul ſon,

» qui est celui de *gue*, il s'en suit que » rien n'est plus conforme au génie & » à l'analogie de notre Langue, que » de les faire suivre aussi de la voïèle » *u*, quand nous voulons exprimer le » son que l'on entend dans la der» nière syllabe de ce mot aigu, & » qu'il suit quelqu'une de ces voïèles, » *a*, *e*, *i*, *o*, *u*. Ainsi nous double» rons l'*u* dans les mots suivants; de » la *ciguue*, douleur *aiguue*, expression » *ambiguue*, *ambiguuité*, *arguuer*, *j'ar-* » *guue*, *tu arguues*, *nous arguuons*, » *vous arguuez*, *ils arguuent*, &c. parce » que dans ces mots, il faut faire en» tendre les sons *gua*, *gue*, *gui*, *guo*, » *guu*: & nous ecrirons avec un seul » *u*, les mots suivants, *digue*, *figue*, » de *longues* douleurs, *sanguinaire*, » *narguer*, *je nargue*, *tu nargues*, *il* » *nargue*, *nous narguons*, *vous nar-* » *gués*, *ils narguent*; parce qu'alors il » faut exprimer le son que l'on en» tend dans la dernière syllabe du mot » *longue*. Ainsi ces adjectifs, *aigu*, » *ambigu*, *contigu*, &c. formeront » leur féminin, en ajoutant *ue*, en » cette manière, *aiguue*, *ambiguue*, » *contiguue*, à peu près come les ad» jectifs suivants, *caduc*, *public*, *grec*,

» *turc*, qui, pour former leur fémi-
» nin changent *c* en *q*, & ajoutent *u e*,
» *caduque*, *publique*, *grèque*, *turque*.
» Si l'on ne double point *u* au fémi-
» nin de ces adjectifs, la même syl-
» labe, composée précisément des
» mêmes lettres, auroit deux sons en-
» tiérement différents, come dans
» la dernière syllabe de ces deux mots
» *digue* & *cigue*. De cette manière l'e-
» criture seroit un signe equivoque,
» & la lecture n'auroit plus de princi-
» pes, puisqu'elle se réduiroit à deviner.
» En un mot, si l'on ne double point
« la lettre *u* après *g*, come je le pro-
» pose ici, ajoute M. Valart, il faut
» convenir que nous avons des mots
» que nous ne saurions exprimer par
» l'ecriture, come les suivants que
» j'ecris ainsi, *j'arguuai*, *il arguua*, *j'ai*
» *arguué*, *nous arguuons*, &c. alors,
» précisément les mêmes lettres fe-
» ront tantôt deux syllabes, come
» dans les mots qu'on vient de voir,
» & tantôt une seule, come dans je
» *narguai*, il *nargua*, j'ai *nargué*,
» nous *narguons*, &c. d'autant plus
» que l'on ne sauroit emploiier ici le
» *tréma*, c'est-à-dire, la diérèse qui
» ne se met jamais sur les *a* & *o*, ni

» ſur l'*e* accentué. « C'eſt ainſi que cet Auteur démontre l'Equivoque de notre Orthographe ſur ce point; mais ce qu'il propoſe pour y remédier, de doubler l'*u* dans *cigue*, *arguer* & ſemblables, n'eſt peut-être pas expédient.

1°. Il ne me paroit pas qu'à la fin de ces mots, *j'arguai*, *j'ai argué*, *il argua*, *arguons*, *&c.* on entende, come le dit M. Valart, les diphtongues *uai*, *ué*, *ua*, *uons*, après le premier *u*; mais ſeulement les ſyllabes *ai*, *e*, *a*, *on*: ni *ui*, dans *ambiguité* & *contiguité*, mais ſeulement *i*; car on ne prononce pas *argu-uai*, *argu-ué*, *argu ua*, *argu-uons*, *ambigu-uité*, *contigu-uité*; mais *argu-ai*, *argu-é*, *argu-a*, *argu-ons*, *ambigu-ité*, *contigu-ité*.

2°. Le moiien propoſé par cet Auteur, me paroit ſuperflu; puiſqu'il y en a un autre plus ſimple, plus analogue & plus conforme à nos uſages, ſavoir la diérèſe, quoique M. Valart croiie le contraire. On ne l'appliquera pas, je le veux, ſur l'*a*, ſur l'*e*, ſur l'*o*, ni même ſur l'*i* de ces mots; mais ſur l'*u*, en cette ſorte, *argüer*, *j'argüe*, *argüons*, *il argüa*...

aigüe adjectif, *cigüe*, *contigüe*, *contigüité*, *ambigüe*, *ambigüité* & semblables. La diérèse lève ici toute difficulté, & fait son office propre, qui est d'indiquer qu'il faut appuiier la voix sur l'*u*, & l'isoler de la voiièle suivante. J'en parlerai au long ci-dessous, art. XXIII.

Pour ce qui est de la syllabe *gui* qui fait diphthongue dans *aiguille*, *aiguiser*, *Guise* nom de lieu, &c. & voiièle-composée dans *anguille*, *déguiser*, *guide*, *guimauve*, *gui* de chêne, *guise*, manière, &c. on peut faire conoître sa vraie valeur, come je l'ai dit, par le moiien du *croissant* & de l'accent grave, en cette sorte, *aigŭille*, *aigŭiser*, *anguìlle*, *déguìser*, &c.

Art. VI.

Mais, outre les défauts de l'Orthographe commune, il y en a encore qui viènent de la part des Ecrivains & des Imprimeurs, qui manquent de principes dans l'usage de l'*y*, & de la diérèse ou *tréma*. Ces deux points méritent d'être traités à fond & au long.

XXII. Oter l'y de quantité de mots où il fait Equivoque.

L'*y*, de la manière que plusieurs orthographient, est un signe fort equivoque : Ce n'est point, lorsqu'il fait un mot dans les verbes *il y a*, &

il y eſt, parce qu'y etant iſolé, il ne peut y avoir le ſon que d'un *i*, ni dans les mots tirés du grec, come *abyme*, *acolyte*, *amydon*, *apocalypſe*, *aſyle*, *azyme*, *cylindre*, *cyme*, *cryſtal*, *dactyle*, *dyſcole*, *dyſenterie*, *elyſée*, *etymologie*, *hydropyſie*, *hymne*, *hypocrite*, *hypothèque*, *labyrinthe*, *lynx*, *lyre*, *Martyr*, *myrrhe*, *myrthe*, *myſtère*, *mythologie*, *Néophyte*, *paralytique*, *proſélyte*, *pyramide*, *ſatyre*, *ſybille*, *ſyllabe*, *ſymbole*, *ſympathie*, *ſynode*, *ſynonime*, *ſyntaxe*, *ſyſtème*, *ſtyle*, *tympanon*, *tyge*, *type*, *tyran*, *zéphyre*; parce que l'*y* etant dans ces mots immédiatement précèdé & ſuivi de conſones, il ne peut faire diphthongue avec aucune voïèle : ainſi l'on peut & l'on doit, ce ſemble, conſerver cet *y* par reſpect pour l'etymologie, tant qu'un uſage général des Savants, ne lui ſubſtituera pas l'*i* françois.

Pour ce qui eſt du pluriel du ſubſtantif *œuil*, qui ſe prononce come la diphthongue *ieux*, je ne vois pas pourquoi on l'a ecrit par un *y* initial, ſinon, que tèle a eté la fantaiſie des Ecrivains, avant que Ramus eut diſtingué la figure de la conſone *j*, de celle de la voiièle *i*. Les contours que quelques-uns ont doné à cet *i*, auront eté pris par des Copiſtes françois mal-habiles, pour un *y* ; car on ne trouve pas cette lettre dans le mot grec, ni dans le latin, ni dans l'italien, l'eſpagnol ou autre Langue d'où pouroit être venu notre mot françois : on n'y trouve pas même l'*i*, mais un *o*, come dans le latin. On ne doit donc point laiſſer l'*y* dans ce pluriel françois ; quoiqu'il n'y nuiſe point à la prononciation : mais il faut lui doner un *i* ſimple, ainſi que l'Académie l'a fait pour les mots *ivre*, *ivreſſe* & *ivoire*, qui s'ecrivoient de même autrefois par un *y*, avec auſſi peu de raiſon ; puiſque les deux premiers ont une *m* initiale dans le grec, & un *e* dans le latin, & que l'autre a un *e* dans l'une & l'autre Langue.

L'*y* ne cauſe point non plus d'equivoque à la fin des mots, *Roy*, *moy*, *toy*, *ſoy*, *Henry*, *j'aimay*, *aujourd'huy*, *ennuy* & ſemblables ; quoiqu'il y ait eté ſubſtitué mal-à-propos à la place d'un *i* ſimple.

» M. l'Abbé Girard croit que l'*y* n'a » eté introduit dans certains mots,

» que par la main du Copiste qui a
» voulu orner son ecriture par de
» beaux contours de lettres, & qui a
» moins consulté l'Orthographe, que
» la satisfaction des ieux, en ecrivant
» *Roy, foy, loyx, moy, toy, soy,*
» *luy, fourmy, j'ay, j'aimay, frère-*
» *lay*; au lieu de *Roi, foi, loix, moi,*
» *toi, soi, lui, fourmi, j'ai, j'aimai,*
» *frère-lai.* Quoi qu'il en soit, cette Bizarerie d'avoir mis ainsi un *y* initial ou final au lieu d'un *i*, ne cause aucune Equivoque : mais la difficulté vient de ce qu'on l'a introduit dans *ayant, ayeul, bayonette, cayer, glayeul, payen, Bayeux, Bayone, Blaye, Lucayes, Mayence, Cayene*, & semblables, où, quoiqu'il soit entre deux voiièles, il ne vaut qu'un *i*; puisqu'on prononce ces mots, come s'ils etoient ecrits *a-iant, a-ieul, ba-ionette, ca-ier, gla-ieul, pa-ien, Ba-ieux, &c.* tandis qu'il vaut deux *i* dans *payeur, royaume* & beaucoup d'autres, ainsi que nous allons le voir.

L'Equivoque est encore plus grande pour ces mots, *j'employe, ils voyent, une oye, &c.* où en donant à l'y, le son de deux *i*, come il l'a dans *Doyen, employer, ils voyoient*, on lui feroit faire diphthongue avec l'*e* muet qui ſuit ; quoiqu'il ne le faſſe qu'avec la voiièle précédente ; en ſorte que cet *e* muet, hors des vers, ne ſert qu'à rendre longue la ſyllabe, en cette manière, *j'emploî*, *il voî*, *une oî* ; mais en liſant ou en récitant des vers, on feroit encore entendre l'*e* obſcur ſuivant.

J'en dis autant de ces mots, *une playe*, *une claye*, *il etaye*, & ſemblables, où l'*y* ne fait avec l'*a* précédent, que la voiièle-compoſée *a i* ou *è* ouvert & long ; tandis qu'il a le ſon de deux *i* dans *etayer*.

Il n'en eſt pas de même de ces mots, *je bégaye*, *je paye*, *la paye* d'un ſoldat, ſelon M. l'Abbé d'Olivet de l'Académie Françoiſe, auxquels pluſieurs ajoutent *une etaye*, *une haye*, *une ceriſaye*, *une ſauſſaye* & ſemblables ; ni dans *que j'aye*, *que j'envoye*, *que j'employe*, *&c.* à l'optatif & au ſubjonctif ; ni même, ſelon pluſieurs, dans *j'envoye*, *j'employe*, *j'eſſaye*, *j'appuye*, *&c.* à l'indicatif ; ni dans ces autres, *pays* & *abbaye* où l'*y* vaut deux *i*.

Mais l'*y*, dans ces deux derniers mots, fournit encore matière à une difficulté particulière : car, pourquoi dans *pays* a-t-il le ſon de deux *i*, & qu'il ne l'a pas dans *Roys*, ni dans *employs* au pluriel, come pluſieurs les ecrivent ? Il y eſt egalement précédé d'une voiièle, & ſuivi d'une *s*, come dans *pays*. Pourquoi dans *je paye* & *je begaye*, l'*y* fait-il diphthongue avec l'*e* muet qui ſuit, d'une manière qu'on y entend le ſon de la diphthongue *ieu*, mais légèrement ; au lieu que dans *abbaye*, la ſeconde partie de cet *y* ne ſe prononce que come un *i* long avec l'*e* muet ſuivant, en cette ſorte, *abbai-î* ? Si on les ecrit de même, les Enfants courront riſque de confondre la prononciation de celui-ci avec celle des autres.

Il ſera par-conſéquent à propos d'ecrire par deux *i*, *abbaiie*, *la plaiie*, *je bégaiie*, *une claiie*, *une haiie*, *une ſauſſaiie*, *&c.* Mais pour marquer que le premier de ces mots a une prononciation différente de celle des ſuivants, puiſque ſa dernière ſyllabe ſe prononce come celle de *vie*, *folie*, *jalouſie*, il faudra, ce ſemble, mettre l'accent circonflexe ſur ſon ſecond *i*, en cette manière, *abbai-îe*, ou du moins la diérèſe, *abbaiïe*, come on la met ſur l'*i* d'*ouïe*, ſens de l'animal, & féminin du participe *ouï*, *entendu*.

Ces ſecours ſont néceſſaires, ſurtout pour les Enfants ; car, coment veut-on qu'ils jugent de la valeur de l'*y* ? Qu'eſt-ce qui les déterminera à lui doner le ſon d'un *i*, faiſant une diphthongue avec les voiièles ſuivantes dans *ayeul*, *gayac*, *payen*, *&c.* & à l'emploiier pour faire partie de deux diphthongues dans *aboyer*, *boyau*, *Doyen*, *eſſuyer*, *Royaume*, ou pour faire partie d'une voiièle-composée, & enſuite d'une diphthongue dans *etayer*, *payeur* ; ou d'une voiièle-composée, & à ſoner enſuite come un *i* dans *pays*, *payſan* ? que feront alors les enfants, leurs ieux trouvant que cet *y* eſt accompagné de même dans preſque tous ces mots, quoique ſi différents en prononciation ? quel embaras pour eux, ſi on les fait epeller, de ne prononcer qu'un *i* ſur l'*y* de ces mots, *ayeul*, *gay ac*, *payen*, *&c.* & d'en prononcer un ſur chaque jambe, ou plutôt ſur chaque bras de cette lettre dans *aboyer*, *boyau*, *Doyen*, *payſan*, *&c.* ? par quelle règle ſauront-ils qu'il ne faut faire ſentir qu'un *i* dans les *frères-lays*, & qu'il en faut faire soner deux dans *pays*, s'ils s'ecrivent de même?

» Mais est-il naturel, dit M. Valart, qu'une même lettre soit ainsi » de deux différentes syllabes à la » fois? D'ailleurs les verbes qui ont » à l'infinitif deux *i* avant *er*, come » *essaiier*, *emploiier*, *appuiier*, ont le » premier *i* long à la première persone » plurièle de l'imparfait de l'indicatif » & du présent du subjonctif : or, je » demande aux amateurs de l'y, co- » ment ils mettront l'accent circon- » flexe sur la première jambe de leur » lettre favorite? La chose ne se peut; » cependant il faut nécessairement » cet accent : au lieu qu'en mettant » deux *i*, rien n'est plus aisé que de » marquer le premier, de l'accent » circonflexe en cette manière, *il* » *faut que nous emploîions cet argent*; » *hier nous essaîions nos forces*. Ainsi » l'*y* ne se mettra que dans le mot » françois *y*, & dans ceux qui viè- » nent du grec. Par-tout ailleurs, dit » M. Girard, l'air simple & françois » de l'*i* figure egalement bien.

De l'aveu de plusieurs partisans de l'y, il y a apparence que les deux *i* s'ecrivoient autrefois dans ces mots, Buffier, Launay, Restaut.

frayeur, crayon, moyen & ſemblables ; & que le dernier *i* aiant eté alongé de cette ſorte *i j*, pour varier les caractères, & afin qu'on les diſtinguât de l'*ï* avec deux points, on les a enſuite transformés en *y* ; mais cette précaution etoit inutile, puiſqu'on n'entend perſone aujourd'hui ſe plaindre de cet inconvénient, en liſant les ecrits de ceux qui ſont en uſage de mettre un double *ii* au lieu d'un *y*. Après cet aveu de l'ancièneté du double *ii*, & de ſa transformation en *y*, on devroit ſe détacher de l'uſage de cet *y* ; puiſqu'en voulant remédier à un abus léger & très-rare, on nous a jettés dans d'autres plus grands & plus communs, par les Equivoques qu'on a répandues ſur l'Orthographe, ainſi que je viens de le démontrer.

Si cependant quelques-uns ne jugent pas à propos, pour leur uſage particulier, de rétablir l'anciene forme du double *ii* auquel on a ſubſtitué l'*y*, ils pouront dans ce cas, mais non ſans inconvénient, come on l'a vu, laiſſer cette dernière lettre, en la couronant de deux *points*, pour faire conoitre ſa valeur. Cela la diſtinguera en même tems de l'*y* qui ne ſone que come un *i* ſeul, & qui ſe trouvant en ſon etat ſimple & naturel, dans les mots qui nous ſont venus de la Langue gréque, en indiqueroit l'origine. Mais coment, nomeroit-on cet *y* couroné ? J'en laiſſe le jugement à Meſſieurs les Académiciens.

Je crois avoir examiné aſſez exactement toutes les fonctions de l'*y*, dans ſes différents aſſemblages avec d'autres lettres. Après cela, je ne puis m'imaginer que l'*y* faſſe nulle part la fonction d'une conſone. Cependant des Auteurs célèbres, tels que Meſſieurs Regnier Deſmarets, Boindin & de Launay, l'ont dit : ſur quoi fondés ? ſur ce que, diſent-ils, l'*y* qui ne s'entend pas ſeul, come dans *ayeul*, & *payeur*, ſert alors à modifier la voiièle ſuivante par un mouillé foible. Mais l'*i* ſimple ne fait-il pas cette même fonction, auſſibien que l'*u*, lorſqu'ils comencent une diphthongue, quelle qu'elle puiſſe être ? Au ſurplus, n'eſt-il pas ridicule qu'une de nos lettres ſoit tantôt voiièle, & tantôt conſone ? On attend là-deſſus une déciſion.

Pluſieurs trouvant à redire que l'y ſe

XXIII. Faux usage de la dièrèse. Quelle est sa véritable fonction.

fourât ainsi par-tout, ont voulu subs-tituer, dans bien des endroits, à cet etranger, une figure formée de deux points horizontaux, qu'on appelle *diérèse*, & en terme d'imprimérie, *tréma*. Mais on ne s'en sert pas d'une manière uniforme. La plupart ne pen-sent pas que la fonction de la *diérèse*, selon la force de son nom, & son usage primordial, est de diviser & d'isoler la voiièle qu'elle courone, des précédentes & des suivantes.

Les uns la placent sur les *e* muets qui finissent ordinairement des mots ou des syllabes après un *u*, come dans *vuë*, *moruë*, *j'avouë*, *rouë*, *le dénouëment* : & d'autres sur l'*ü* qui les précède; mais elle est absolument su-perflue sur l'une & l'autre de ces voiièles.

Quelques uns prennent la *diérèse* pour marquer que l'*ï* sur lequel elle est, equivaut à deux, come dans *ab-baïe*, *roïal*, *voïant*, *etaïer*.

D'autres la mettent sur un *ï* dont le son est mélé, & come perdu avec ce-lui des autres voiièles précédentes ou suivantes, avec lesquelles il fait diphthongue ou voiièle-composée, come dans *une oïe*, *j'emploïe*, *plaïe*, *païer*, *baïonette*.

Plusieurs placent la *dièrèse* sur l'*i* dans *Louïs*, *jouïr*, *bouïllon*, *mouïller*, *deuïl*, *orgœuïl*, *feuïllet* & leurs semblables : & d'autres sur l'*u* de ces mêmes mots, *Loüis*, *joüir*, *boüillon*, *moüiller*, *deüil*, *orgœüil*, *feüillet* : en quoi, ils font voir qu'ils n'ont ni règle, ni principe ; puisqu'ils se servent de cette figure pour plusieurs usages, quoique différents, & même contraires les uns aux autres : aussi-bien que ceux qui s'en servent dans *emploïant*, & dans *j'emploïe*, dans *j'aïe* & dans *eïa* mot latin qui doit se prononcer come le *ia* ou *oui* allemand.

La véritable fonction de la *dièrèse*, etant d'isoler la voïièle sur laquelle on la met, il s'en suit qu'en la mettant sur l'*i* dans *bouïllon*, *mouïller*, *deuïl*, *orgœuïl*, & *feuïllet*, on doneroit à ces mots une syllabe plus qu'il ne faut ; puisqu'on induiroit à prononcer *bou-ïl-lon*, *mou-ïller*, *deu-ïl*, *orgœu-ïl*, *feu-ïl-let* : & qu'en la mettant sur l'*u*, on doneroit à chacun de ces mots deux syllabes de trop ; puisqu'on doneroit lieu de prononcer *bo-ü-illon*, *mo-ü-ïl-*

ler, *de-ü-il*, *orgx-ü-il*, *fe-ü-illet* : ce qui feroit très-ridicule.

Pour ce qui eſt des mots *Louis*, *jouir*, *enfouir* & leurs ſemblables, ſi l'on met la diérèſe ſur l'*u*, on les alongera d'une ſyllabe ; puiſqu'on induira à les prononcer en cette ſorte, *Lo-ü-is*, *jo-ü-ir*, *enfo-ü-ir*.

Ceux qui placent la *diérèſe* ſur l'*ü*, dans les mots précédents, diſent que c'eſt pour empêcher qu'on ne prononce *Lovis*, *jovir*, *enfovir*, *bovillon*, *moviller*, *devil*, *fevillet*, &c.

» Qu'ils me permettent de leur » dire à mon tour, répond M. Leroi, » que c'eſt pouſſer la complaiſance » trop loin, que de ſe rendre coupa- » ble ſoi-même, pour empêcher qu'un » autre ne le deviène. Je dis de plus » que cette raiſon eſt frivole & mal » imaginée ; parce que la figure de l'*u* » voiièle, & celle de la conſone *v*, » etant auſſi différente à la vue, que » le ſon l'eſt à l'oreille, il n'y a que » les gens qui ne ſavent pas lire, qui » puiſſent tomber dans ces ſortes de » fautes qu'ou appelle ordinairement » fautes d'ignorance.

Il y en a, qui entendant le ſon confus de deux *i* (qu'ils appellent mouillés) dans ces mots, *je begaïe*, *la païe*, & semblables, y font mettre la *dièrèse* : & par la même raison, croiiant entendre le son confus de trois *i* dans *nous paiions* à l'imparfait de l'indicatif & aux présents de l'optatif & du subjonctif, font couroner de même le second *i* : en quoi ils se trompent, puisqu'ils alongent mal-à-propos ces mots d'une syllabe ; ce qui n'ariveroit pas, si, come je l'ai conseillé ci-devant, ils donoient deux *i* à *je bégaiie*, *la paiie* & semblables, & s'ils se contentoient de placer un accent circonflexe sur le premier *î* de *nous paîions* à l'imparfait de l'indicatif, & aux présents de l'optatif & du subjonctif, pour faire conoître qu'alors cette syllabe devient longue, ainsi qu'aux mêmes tems & modes de tous les verbes en *ier*, par exemple, *emploiier*, *envoiier*, *essaiier*, *essuiier*, *tuteiier* ou *tutoiier*, *confier*.

M. l'Abbé d'Olivet aiiant décidé qu'on doit prononcer & ecrire deux *i* dans *je bégaiie*, *je paiie*, *la paiie*, de même que dans *une haiie*, *une claiie*, *une saussaiie*, & semblables, d'autres prétendent qu'on doit egalement prononcer & ecrire deux *i*, come faisant chacun partie d'une diphthongue, dans les trois persones du singulier, & la troisième du pluriel du présent de l'indicatif des verbes *emploiier* & *envoiier*, en cette sorte, *j'emploiie*, *j'envoiie*, *&c.* Cette prétention n'est-elle pas raisonable, puisqu'elle est fondée en analogie? En effet les deux premières persones du pluriel du même tems de ces verbes, se prononcent & doivent s'ecrire par deux *i*, *nous emploiions*, *vous emploiiez*, *nous envoiions*, *vous envoiiez*. Cela convenu, n'en sera-t-il pas de même des verbes *appuiier*, *ennuiier*, *essaiier* & semblables, au présent de l'indicatif; ensorte qu'on les ecriroit, *j'appuiie*. *tu appuiies*, *il appuiie*, *ils appuiient*; *j'ennuiie*, *tu ennuies*, *il ennuiie*, *ils ennuiient*; *j'essaiie*, *tu essaiies*, *ils essaiient*, *&c.*?

Plusieurs confondent l'usage de la dié èse, en la mettant egalement sur l'*i* de ces mots, *nous suppléïons* & *nous louïons* à l'imparfait de l'indicatif, & aux présents de l'optatif & du subjonctif, come sur ces mots latins *Naïades* & *Pleïades* quoique la prononciation en soit très-différente, puisque dans les deux premiers mots, l'*i* fait diphthongue avec l'*o* qui suit, & que l'*e* & l'*ou* y sont très-longs; au lieu que dans les deux autres, l'*i* fait une syllabe entiérement isolée, & que par conséquent l'accent circonflexe doit être sur l'*é* de *nous suppléions*, sur l'*û* de *nous loûions*, & la diérèse sur l'*ï* de *Naïades & Pleïades* latins.

De tous ces sentiments, le plus supportable est, ce semble, celui de M.M. Valart, Douchet & de quelques autres; savoir, que la *diérèse* a eté inventée *pour avertir que la voïièle sur laquelle elle est, comence une nouvelle syllabe*, come on le voit dans ces mots *aïeul*, *païen*, *Caïn*, *Caïphe*, *Esaü*, *Naïade* en françois, *caïer*, *coïon*, *coïonerie*, *héroïque*, *stoïque*, *jouïr*, *le Maïeur*, &c.

Cependant n'y a-t-il pas de l'Equivoque dans cet emploi de la dièrèse sur l'*ï*? Il est vrai que dans tous ces exemples, l'*i* comence une syllabe, come dans *Caïn*, *Caïphe*, *Danaïde*, *héroïque*, *stoïque* & *jouïr*, ainsi que l'*ü* dans *Esaü*; & dans d'autres, elle fait partie d'une diphthongue, savoir, dans *aieul*, *paien*, *Naiade* en françois, *caier*, *coion*, *coionerie*, *le Maieur*. Voilà déja une destination pour deux effets très différents l'un de l'autre ; ce qu'il faut eviter, pour rendre exacte notre Orthographe. Ce n'est pas tout, c'est que ce double usage de la dièrèse, laisse le Lecteur dans la perplexité, s'il doit ou s'il peut appuiier la voix sur l'*i* dans *aïeul*, *païen*, *Naïade*, *caïer*, *coïon*, *coïonerie*, *le Maïeur*, come sur l'*i* dans *Caïn*, *Caïphe*, *Danaïde*, *héroïque*, *stoïque* & *jouïr*. Or il est constant que le Lecteur ne le doit & ne le peut, sans aller contre l'usage. La *diérèse* mise indistinctement sur ces *i*, est donc un signe insuffisant, pour déterminer la bone prononciation.

D'ailleurs l'intention de ces Grammairiens, en plaçant la diérèse sur l'*ï* dans *aïeul*, *païen*, *Naïade*, *caïer*, *coïon*, *coïonerie*, *le Maïeur* & semblables, tels que *baïonette*, *gaïac*, *glaïeul* & *jaïet*, est d'empêcher de prononcer par la voiièle-composée, en cette sorte, *ai-eul*, *pai-eur*, *Nai-a-de*, *cai-er*, *coi-on*, *coi-onerie*, *le Mai-eur*, *bai onnette*, *gai-ac*, *glai-eul*, *jai et* : mais en voulant eviter cette faute, ils font tomber dans une plus grande, puisque par la diérèse placée sur l'*i*, ils alongent ces mots d'une syllabe; selon l'effet propre de la *dièrèse*, qui est d'isoler la voiièle qu'elle courone, des voiièles suivantes, aussi-bien que des précédentes, ensorte qu'il faudroit prononcer *a-ï-eul*, *ba-ï-onette*, *ca-ï-er*, *ga-ï-ac*, *gla-ï-eul*, *ja-ï-et* & *pa-ï-en*.

Il faut donc, ce semble, quoiqu'en disent des Grammairiens, mettre la *dièrèse* sur l'*a* initial des mots *aiant*, *aieul*, *baionnette*, *caier*, *Cain*, *gaiac*, *glaieul*, *jaiet*, *paien*. Je ne vois point d'autre moiien d'en indiquer la vraie prononciation, à moins qu'on n'aime mieux se servir pour cela, de l'accent grave, *àiant*, *àieul*, *bàionette*, *càier*, *càieu*, *gàiac*, *glàieul*, *jàiet*, *pàien*. Cela choqueroit moins les ieux, puisqu'ils sont déja acoutumés à voir des *à* ainsi accentués. Ces mêmes *à* pouroient être d'usage dans les mots *Màience* ville d'Allemagne, *Màiène* ville du Maine en France, *Càiène* & les *Lucàies* isles de l'Amérique, *Biscàie* province d'Espagne, *Blàie* ville de Guienne, *àie* ou *hàie* cri de douleur, & semblables, pour faire voir qu'ils se prononcent *Mà-ience*, *Mà-iène*, *Cà-iène*, *Lucà-ies*,

Biſcà-ie, *Blà-ie*, *à ie* ou *hà-ie*, & par conſéquent autrement que les lettres *a i* dans *je paie* & *abbaie*, ſelon l'Orthographe de pluſieurs.

Après cette longue diſcuſſion de l'emploi que la plupart font de la *diérèſe*, il faut convenir qu'elle eſt, même chez des Savants, un ſigne fort equivoque, & ſouvent faux; parce qu'ils ne comprennent pas que ſon propre effet, ſelon la ſignification de ſon nom, eſt de diviſer ou ſéparer une voiièle de ſes voiſines, pour en faire une ſyllabe différente.

Par conſéquent elle a une application juſte ſur l'*ï* dans *Caïn*, *haïr*, *laïque*, *Moïſe*, *ruïner*; ſur l'*ë* dans *Aloës*, *Noël*, & dans *Poëte*, *poëme*, *poëſie*, lorſqu'ils ſont dans des vers où *oë* fait deux ſyllabes; car M. Corneille & d'autres n'en ont fait qu'une, & alors on y met l'accent come en proſe. Il faut auſſi la *diérèſe* ſur l'*ü* dans *Alcinoüs*, *Eſaü*, *Saül* Roi des Juifs; mais non dans *Saul* ou *S. Paul.* l'Apôtre des Gentils, pour faire voir que ces *i*, *e* & *u* ne ſont pas diphthongue ou voiièle-compoſée, avec les voiièles précédentes. C'eſt la notion qu'en qu'en donent nos meilleurs Grammairiens, entr'autres, M. Leroi.

Coment donc, cet Ecrivain (ou M. Restaut, son editeur), a-t il mis la *dierèse* sur l'ë dans *boëte*, *coëffe*, *moëlle*, *poëlle* & semblables, où cette lettre fait diphthongue, & conséquemment une même syllabe avec l'*o* ? C'est confondre la prononciation de ces *e*, avec celle qu'ils ont dans *Aloës* & les autres, où ils sont une syllabe séparée de l'*o*. La *dièrèse* n'est-elle pas encore plus déplacée, lorsqu'il la met sur ces mots *Caën* & *Caënois* ; puisqu'ils se prononcent *Can*, *Canois* ; ce qui rend l'*e* absolument muet ? Il y a quelque lieu de soupçoner que ces fautes viènent de l'Imprimeur, come quand on trouve encore, dans son Dictionaire, l'accent aigu sur le premier *e* de ces mots *géolage*, *géole*, *géolier*, : ce qui les feroit prononcer come *géométrie* : aussi remarque-t-il sur le mot *geolage*, que l'*e* ne s'y prononce point, & ne sert qu'à doner au *g* la prononciation de la consonne *j*. Cela montre que les Protes ou Directeurs & Correcteurs d'imprimerie, ne sont pas en etat de suppléer à la persone d'un

Auteur qui fait imprimer sur l'Orthographe, à moins qu'ils ne soient absolument dans les mêmes principes, ou extrêmement sur leurs gardes : sans quoi, l'on verra bien des choses contraires aux systêmes etablis & aux règles prescrites par l'Auteur même.

La *Dièrèse* sert encore à faire voir que la voïièle sur laquelle on la met, ne fait pas diphthongue avec les voïièles suivantes : exemples *ïeuse* & *ïota* ; qu'ainsi l'on y prononce *i*, autrement que dans *pluvieuse* & *phiole*.

J'en dis autant des mots *cigue*, *ambigue* & semblables ; de tous les tems du verbe *arguer* ; des imparfaits de l'indicatif & des présents du subjonctif des verbes *conclure* & *exclure* ; *nous conclüions*, *nous exclüions*, où la *diérèse* doit être placée sur l'*ü*.

Pour ce qui est de *nous supplëions*, *vous supplëiez*, *&c.* il faut la *diérèse* sur l'*e*, à moins qu'on n'y mette, ainsi que je l'ai dit, l'accent circonflèxe, ou même l'accent aigu, come plusieurs le font dans *déité*, *Enéide*, *Néréide*, *obéir*, *réitérer*, *réunir*, *réussir* & leurs semblables ; parce que l'accent aigu sur l'*é* de ces mots, suffit pour marquer que cette lettre ne fait pas voiièle-composée avec l'*i* ou *l'u* suivants.

Quant à ces mots *ambiguité*, *contiguité*, *&c.* il est assez indifférent, pour en indiquer la prononciation, de placer la dérèse sur l'*ü* ou sur l'*i*; cependant, come il faut le mettre sur l'*u* d'*ambigue* & de *contigue*, ainsi que je l'ai dit ci-dessus, l'analogie demande qu'on l'y mette également dans *ambigüité*, *contigüité*: mais il ne le faut ni sur l'*u* ni sur l'*i* de ces mots *aiguille*, *aiguiser* & leurs semblables, parce qu'elle les allongeroit d'une syllabe. J'en dis autant des mots *bouillon*, *mouiller*, *deuil*, *orgueil*, *feuillet*, *&c.* Pour ce qui est des mots *Louïs*, *jouïr* & semblables, il faut la *dièrèse* sur l'*i*, & elle y est sans inconvénient.

Mais s'il y a des mots dans lesquels la dièrèse sert précisément à séparer la voiièle sur laquelle elle est, de la précédente; & d'autres mots où elle sert à séparer la voiièle couronée, de la voiièle suivante, il y en a où elle a l'un & l'autre effet, tels que *Isaïas*, *Isaïe*, en poésie, *Naïades* & *Pleïades* en latin. Observez que ces deux lettres *i a* font diphthongue dans *Naiades* & *Pleiades* françois : c'eſt pourquoi il ne faut pas la *dièrèſe* ſur l'*i*, mais ſur la voiièle précédente, ou bien un accent, ſuivant les règles établies ci-deſſus.

Je le répète donc encore : le vrai & unique uſage de la *diérèſe*, eſt d'iſoler la voiièle ſur laquelle elle eſt, 1°. en la ſéparant de la voiièle précédente, come dans *Caïn*, *haïr*, *laïc*, *Louïs*, *Moïſe*, *Saül*, *Eſaü*, *aërer*, *aloës*, *Noël*, & *oüi* participe d'*oüir*, pour le diſtinguer de *oui* affirmation. 2°. Elle doit ſervir auſſi à ſéparer la voiièle ſur laquelle on la met, de la voiièle ſuivante, come dans *ïeuſe*, *ïota*, *argüer*, *cigüe* & *contigüité*. On pouroit en uſer de même à l'égard de *pïeux*, dévots, ſe *fïer*, doner ſa confiance & ſemblables, pour les diſtinguer de *pieux*, pièces de bois, & de *fier*, hautain.

XXIV. A quoi ſe rèduiſent tous les expédiens propoſés.

Voila tout ce que j'ai cru pouvoir propoſer d'après d'habiles Maîtres, ou hazarder de moi-même, pour la réformation de notre Orthographe. Ainſi tous les changements à faire ſur cette matière, dans notre façon d'ecrire, conſiſteroient à mettre, en certaines occaſions particulières, un point, un accent, un croiſſant ſur des voïèles en cette ſorte, *à*, *è*, *ì*, *í*. *ù*, *ŭ*, *ŭ̈*, la dièrèſe ſur *ë*, *ï*, *ü*, & un point, ou une cedille, ou un accent ſous ou ſur quelques conſones, ſavoir *ġ*, *ḥ*, *ḷ*, *ş*, *ţ*, *x̣*.

Il y a déja dans l'Imprimerie, pour les livres françois & les latins, des accents ſur les voïèles *à*, *é*, *è*, *í*, *ì*, *ú*, *ù*, la dièrèſe ſur *ë*, *ï*, & *ü*. & pour des livres claſſiques le croiſſant ſimple [⌣]. On y a auſſi ajouté pour les Miſſels de Paris & d'autres Diocèſes, un accent circonflèxe renverſé & une etoile, mais cela eſt inutile ici. Il ne faudroit donc jetter en fonte que des *ė* marqués d'un point, des *ŭ̈* couronés d'un croiſſant ponctué, & des *ḥ*, *ḷ*, *ş*, *ţ*, *ġ*, & *x̧* *ponctués* ou *cédillés*, come on les voit. C'eſt-pourquoi, tout ſe réduiroit à introduire l'uſage de huit nouveaux caractères. Il en a fallu bien davantage pour l'impreſſion des Miſſels, dont je viens de parler.

XXV. Bizarerie dans l'uſage des accents & de la ponctuation ordinaires. Règles qui doivent y être obſervées.

Come les Accents & la Ponctuation ordinaires ſont partie de l'Orthographe, je remarquerai encore ici, qu'il y a bien de la Bizarerie dans l'uſage qu'on en fait dans notre Langue.

L'accent *circonflèxe* ne devroit être placé que sur des voiièles longues, l'aigu sur les *é* fermés, & le grave sur les *è* ouverts, ou sur l'*a* & l'*u* de certains mots qui, sans cela, pouroient être confondus avec d'autres. Mais que font bien des Ecrivains & des Imprimeurs ? Ils mettent l'accent *circonflèxe* sur toutes les voiièles qui etoient ancienement suivies d'une *s* muète, faute de savoir que cet accent n'est presque plus d'usage que pour la quantité, c'est-à-dire, pour marquer l'alongement de la prononciation de la voiièle qu'elle courone ; come dans *âne*, *bête*, *aprêt*, *gîte*, *hôte*, *dépôt*, *flûte*, *afin qu'il niât*, *qu'il fît*, *qu'il lût* : & non pour faire conoître qu'il y a eu autrefois une *s* après ces voiièles ; ce qui est assez inutile. Il en est de même de ceux qui mettent cet accent sur l'*u* des participes *aperçu*, *conu*, *lu*, *pu*, *vu* & semblables, où il tient lieu de l'*e* muet qui précédoit cet *u*, parce qu'on l'y prononçoit. Il ne faut dans ces mots ni cet *e* ni aucun accent.

J'ai dit que l'accent circonflèxe ne sert *presque* plus que pour la quantité;

parce qu'il faut convenir que l'uſage le met encore ſur l'*u* de certains mots, préciſément pour empêcher qu'ils ne faſſent Equivoque avec quelques autres : par exemple *dû* participe paſſif du verbe *devoir* avec *du* article, *crû* participe paſſif de *croître* avec *cru* participe paſſif du verbe *croire*, & *tû* participe de *taire* avec *tu* pronom. Mais ne ſeroit-il pas mieux, dans ces cas, d'emploiier l'accent grave ſur les trois premiers *dù*, *crù*, *tù*; ou de laiſſer au ſens de la phraſe, à lever l'Equivoque de l'Orthographe ?

Come dans tous les Arts on doit doner la préférence aux méthodes qui amènent la brièveté avec la clarté, j'ai déja obſervé que l'accent *aigu* eſt inutile ſur l'*e* initial ; puiſque, ſelon une règle générale, il n'eſt jamais muet, & que même il eſt bref, excepté dans le mot *être*. Je dis plus : cet *e* eſt ordinairement un peu ouvert, ou l'organe de la prononciation ſera gêné. Ainſi l'accent *aigu* y eſt un ſigne faux, ou Equivoque, ou au moins inutile. Cependant un Compoſiteur & un Prote croiroient paſſer pour des ignorants dans leur profeſſion, s'ils manquoient à cet *e* initial.

J'ajoute que bien des Ecrivains & des Imprimeurs emploient cet accent au milieu de quantité d'autres mots, ſur des *e* qui ſe prononcent ouverts. Pour être convaincu du faux uſage de tous ces accents aigus, il n'y a qu'à prêter une oreille attentive à ſa propre prononciation, ou à celle d'autres qui paſſent pour bien parler.

Pour ce qui eſt de l'accent *grave*, il ne devroit être placé, ainſi que je viens de le dire, que ſur les *è* ouverts, ou ſur l'*a* & l'*u* de certains mots qui, ſans cela, pouroïent être confondus avec d'autres; come ſur *a*, quand il n'eſt pas troiſième perſone ſingulière des verbes *avoir*, *être*, ou autres: exemples, *il a*, *il a été*, *il a mangé*. C'eſt pourquoi il ſe met fort à propos ſur *a* adverbe: exemples, *il eſt à Paris*, *elle ſe divertit à chanter*. Il en eſt de même de *là* adverbe de lieu, *il eſt là*, pour le diſtinguer de *la* article, come dans *la Reine*. Pourquoi donc pluſieurs mettent-ils encore cet accent ſur l'*a* de *voilà*, qui ne peut faire Equivoque avec d'autres mots? Omettre les accents dans les endroits où ils conviènent, c'eſt-laiſſer de la confuſion dans notre langue ecrite;

mais en mettre inutilement & les multiplier à l'excès, c'est la rendre désagréable à la vue.

J'en dis autant de la *ponctuation.* On trouve dans toutes les bones Grammaires françoises, des règles sur l'usage qu'on doit faire, par exemple, de la virgule simple, de la virgule ponctuée, des deux points & du point, pour distinguer aux ieux les différentes parties d'une phrase ou d'un discours, & montrer les pauses qu'il faut faire dans la lecture, afin de soulager l'attention de l'Auditeur. Cependant si plusieurs n'en mettent presque point, d'autres les multiplient excessivement, ou les mettent à tort & à travers, & sans principes.

ART. XXII.

On a vu ci-dessus, avec quelle Bizarerie des Ecrivains & des Imprimeurs font usage de la *dièrèse* ou *tréma.* Il n'y en a pas moins dans l'emploi de la *division* ou *trait-d'union* (-) que plusieurs appliquent à des mots qui sont simples en eux-mêmes, ou qui le sont devenus par l'usage commun des Savants; tandis que d'autres l'omettent dans des mots véritablement composés. Je tâcherai de doner sur tout cela des principes sûrs & clairs.

XXVI. Bizareries jusques dans la dénomination des consonnes.

On a mis de la Bizarerie jusques dans la dénomination des consones de notre Alphabet. Communément on les prononce *bé*, *cé*, *dé*, *esse*, *gé*, *ache* ou *hache*, *ji*, *ka*, *elle*, *emme*, *enne*, *pé*, *quu*, *erre*, *esse*, *té*, *vé*, *icse*, *zède* D'où vient les unes se prononcent-elles par une voïelle initiale, & les autres par une finale? C'est, dit-on, parce que les unes sont du masculin & les autres du féminin. Mais pourquoi dans notre langue cette bigarure qui ne se trouve pas dans les autres? Pourquoi d'ailleurs le genre de quelques-unes de ces lettres savoir de l'*x* & de l'*r*, est-il si incertain, que des Auteurs veulent que l'*x* soit du masculin & d'autres du féminin, & qu'il y a également du partage sur l'*r*? Ne vaudroit-il pas mieux dire d'une manière uniforme, *bé*, *cé*, *dé*, *fé*, *gé*, *hé*, ou *ebbe*, *ecce*, *edde*, *esse*, *egge*, *&c.*?

Richelet. Furet. Rest. Gir. Trév. sont pour le masculin Latouche, Joubert pour le féminin.

C'est ce manque d'uniformité dans notre usage vulgaire, qui a porté les Auteurs de la *Grammaire générale & raisonnée*, à mettre un e obscur à la suite de toutes les consones; afin de les faire toutes du masculin, en cette sorte, *be*, *ce*, *de*, *fe*, *ge*, *he*, *le*, *me*, *ne*, *pe*, *que*, *re*, *ſe*, *te*, *ve*, *xe*, *ze*.

Come ces dénominations laiſſent encore de l'Equivoque ; parce que pluſieurs conſones ont, dans le diſcours, deux ſortes d'articulations, ſavoir *c*, *g*, *ſ*, *t* & *x*, ſelon leurs différentes poſitions, & que même le *c* pouvoit être confondu avec l'*ſ*, le g avec le *j* & l'*s* avec le *z*, un Auteur moderne a doné à ces conſones, des noms qui les différencient entr'elles, & qui indiquent en même-tems leurs différentes articulations, en cette manière : *be*, *que-ce*, *de*, *feu*, *gue-je*, *he*, *je*, *que-grec*, *le*, *me*, *ne*, *pe*, *que*, *re*, *ſe-ze*, *te-ce*, *ve*, *cſe-gze*, *ze*. Valart.

Ces méthodes procurent à la vérité quelque facilité pour epeller, lorſque la conſone précède la voïièle dans la même ſyllabe ; parce que le ſon obtus de l'*e* obſcur, diſparoit plus aiſément que celui de l'*é* fermé, pour faire place aux voïièles ou aux diphthongues eclatantes *a*, *i*, *o*, *è*, *é*, *u*, *au*, *ei*, *oi*, *&c.* avec leſquelles il faut, pour ainſi dire, que s'incorpore la conſone, afin de former la ſyllabe.

Mais, afin que la dénomination des conſones, procurât de même aiſément, leur incorporation avec les voïèles qui les précèdent dans une même syllabe, il faudroit mettre à toutes un *e* obscur, devant, aussibien qu'après, en cette sorte, *eube*, *euc-ce*, *eude*, *eufe*, *eug-ge*, *euche*, *euke* grec, *eule*, *eume*, *eune*, *eupe*, *euque*, *eure*, *eusse-euze*, *eute-ce*, *eucse-gze*, *euze*? Le *j* & le *v* étant les seules consones qui ne finissent jamais une syllabe, on les nomeroit *je* & *ve*.

Au surplus je ne donne pas cette dernière méthode come une règle: ce n'est qu'une idée que je propose à ceux qui veulent absolument se maintenir dans l'usage de faire epeller; ce que je ne conseille pas, mais plutot, après d'habiles Maîtres, de faire syllaber les enfants, dès qu'ils conoissent leurs lettres. On en trouvera les raisons exposées au long dans les *Méthodes nouvelles pour aprendre à lire, même par forme de jeu & d'amusement*, imprimées à Paris chez Lottin en 1755. Dans ce cas on peut, sans grand inconvénient, nomer les consones, *bé*, *cé*, *dé*, *effe*, *&c.* à l'ordinaire, come les Savants conservent *alpha*, *beta*, *gamma*, *delta*, *&c.* pour la langue grèque, & *aleph*, *beth*,

Gramm. de P.R. Buffier, Rollin, l'H[illegible]e, Fremant, Launay, Bertaud.

ghimel, *daleth*, *&c* pour l'hébreu, soit par raison, soit par respect pour l'antiquité : mais au moins je souhaiterois qu'on fixât le genre de l'*r* & de l'*x* ; afin de rendre ces consones, conformes aux autres dont la dénomination comence par une voiièle.

Voiions présentement l'application de toutes ces règles à ce qui fait difficulté, dans des mots d'un usage fréquent, que j'ai rapprochés & arangés le mieux qu'il m'a été possible, dans les phrases suivantes.

XXVII. Exemples de l'emploi des points, des cédilles & des accens ou autres figures proposées ci-dessus. Cela pouroit insensiblement devenir un usage commun.

EXEMPLES.

Une fame qui a un mari débauc*h*é & vuìde de bon sens, doìt avoìr bièn de l'annui : elle devròit même sentir une douleur bièn aigüe dans le cœur, quand elle saìt aussi que dans la ville on haìt sa fi*l*e, & qu'elle s'y faìt des enemis ; parce qu'elle a souvant du différent avec ses compagnes, & qu'elle est médi*ş*ante, tandis qu'elle-même done à parler sur son compte, en s'expo*ş*ant au péri*l* de perdre son honeur, & en restant sans *h*onte dans le dangér. Cette mère doìt prendre quelque bon moiièn de tirer sa fi*l*e de cet etat de perdi*ş*ion : sans quoì elle méritera d'être argüée par son Guìde spirituel, à qui elle ne doìt rièn déguìser, & d'être narguée de ses voisines, qui par resentiment, aìgüiseròient à leur tour, contre elles deus, leurs langues, plus tranchantes que des rasoirs & plus perçantes que des aìgüilles.

J'aí eù hier le bonheur de parler au Roì pour la sisième foìs : il m'a acœuili avec distinction. Je lui demandaí ensuite une grace à laquelle je me suis fixé, & me fixerai pour ne faìre tort à persone. Il m'a exaucé aussi-tôt, & m'a faìt un riche & magnifique présent. Il m'a exhorté à continüer d'être exact à remplir les fonctions de ma charge, sans partialité, & sans eccès de complaìsance ou de rigœur pour mes inférieurs, qui sont au nombre de soissante & dis-sept ou dis-huit, tous Françòis de nation & non Danoìs. Ils m'obéissent, sans que je sòis jamaìs obligé de réitérer mes ordres.

Les héros & les héroïnes ne sont point rares en Europe. Le mérite des persones de cette quàlité devròit faìre taìre les envieus, qui ne sont leurs enemis, que parce qu'ils ne peuvent voir ſans mauvaiṣe humeur, les préſéances que le Prince & ſon Miniſtre actuel, come le précédent, leur accordent & à tous ceus qui ont montré de la magnanimité. Si ces envieus ont lâc*h*é quelque poéṣie pitoïable contre des acṭions qui tiènent de l'héroïſme, ils croïent en être quites pour le nier. Voila le retranc*h*ement de ces enemis lâc*h*es & imprudents, qui ſont ordinairemant l'echo de quelques autres d'autant plus dangereus, qu'ils ne craignent pas d'être argüés de faus; parce qu'ils ſont cac*h*és.

Pendant notre eẋil ſur la terre, pour eviter les ecœuils qui s'y trouvent, il eſt néceſſaire que nous portions notre croìs. Jeṣus-Chriſt, à qui nous devons reſembler, a diſtribüé à tous, des porṭions de la ſiène. Il ne doit y avoir d'exemṭions pour perſone. Les humiliaṭions ſont le remède de notre orgœui*l*: la pauvreté dès la naiſſance, ou qui eſt arivée par des pertes de biens, empêche le luxe & d'autres déṣordres; & les maladies longues ou douloureuṣes, en nous détac*h*ant de la vie préṣente, nous font déṣirer le Ciel. Nous devons encore joindre des mortificaṭions particulières au jeûne de la sainte Quàrantaine, qui comence le mercredi de devant la Qu*a*dragésime & d'après la Qu*i*nqu*a*gésime, jour auquel on l'annonce au chœur de l'Eglise Cathédrale, & en chaire dans toutes les Eglises paroissiales.

Quand on m'obligea à ac*h*ever ma maison & à la meubler, je fus conseil*l*é de mettre en œuvre un habile artisan, nommé Louis, d'une humeur gaie, né Espagnol, mais régnicole depuis dis ans : il demeure sur un quai, près de la première Abbaiie de la Ville de Càen. Il travaille sur le crystal & sur l'ivoire, come sur le métal : il done au cuivre un oeuil vermeil qui se conserve exposé aus intempéries de l'air, au *h*aut d'un cloc*h*ér : il fait aussi, sans feu, du vermil*l*on, qui a servi à enluminer l'orkestre du Théatre Italien.. Des persones doutent s'il a réussi pour la Statue Equestre de S. M. placée vis-à-vis l'*Abbaiie*. D'autres ouvriers, ignorants, & animés de jalousie jusqu'à le hair, àiant fait dans l'ivresse, une gagure de le décrier, ou de le ruiner par un procès de chicane, qu'ils lui ont intenté en effet, il s'en est tiré par une transaction qui le laissera jouïr du fruit des talents qu'il réunit en sa persone, & le mettra, pour l'avenir, à l'abri de la persécution. On pouròit transcrire cet acte qui lui fait honeur. L'original est déposé dans les archives du Presbytère de sa Paroìsse.

Un champ de bléd qui est vèrd après l'hivèr, souvant n'est pas nèt, maìs plein de mauvaises herbes à la moisson : ce qui arrive quand le terrein est aquatique, ou l'orsqu'il a beaucoup pleù au Printems, quoìqu'il ne pleuve pas en Eté.

On a trouvé dans des forets voisines des Villes de Làon & de Blàie, & près de la Saòne, des Fàons de Biches & de Chevreuils, & d'autres animaus, morts par des pìquures de Taòn, tant cet insecte est venimeus.

Les bêtes à corne mangent, sans en être incommodées, la cigüe qu'elles trouvent dans leur mangoire. Si des homes en mangòient, ils s'empoisoneròient, & des trognons de chous, du froment, des figues, des noìs, de l'agneau, des bignets, du thon, des anguìlles, ni de la morue, prises séparémant, ou réunies ensemble, ne les guériròient pas : lesſaìgnées leur ſeròient auſſi inutiles.

Quand un enfant bégaìie, & avant qu'il aìt crù en âge, il faut emploìier le meilleur expédient, pour l'en corriger au plutôt. Nous ne pouvons que nous ne loûìons ceus qui en ont eſſaìié différents, pour voìr ceus qui réuſſiròient le mieus : & ils méritent que nous les paìions de notre reconòiſſance. Je veus inſpìrer, autant que je le peus, la gratitude envers les bienfaìteurs de toute eſpèce.

Les Juifs qui ont entendu Notre-Seigneur Jeſus-Chriſt prêcher, & vu ſes miracles de leurs *ieus*, ſont d'autant plus inexcuſables de n'avoìr pas crù en lui, que les Prophètes avòient prédit ſa venue. Oui, dit-il, ils ſeront plus punis que les Pàiens qui n'ont point eù ces avantages. Les Pàiens auſquels l'Evangile de ce Dieu mort & réſuſcité, a eté annoncé, ſont auſſi plus condamnables que leurs àieus qui n'en avòient point ouï parler.

Ceus quì ſont vraìment pïeus & dévots, ne font aucun cas de leurs prières : ils ſe perſuadent qu'ils ne méritent pas d'être exaucés, & ils ſe regardent toujours, come de grands criminels, parce que la vraie vertu eſt fondée ſur l'humilité, la baſe de toutes les autres. On peut ſe fier à ces vrais pieus, maìs non à celui qui avec quelques de*h*ors de dévoţion, ſe montre orgueilleux, fier & *h*autain.

Pendant notre jeuneſſe, & avant que le panc*h*ant à parler beaucoup, ſe ſoit formé en nous, ou s'y ſoit acrù, nos Maîtres ont dù nous avertir ſouvant, que l'on ne ſe repent jamaìs de s'ètre tù, à moins qu'un devoìr evident & indiſpenſable n'aít dù faìre parler.

J'aí un jardin entouré de pieus, fìc*h*és bien avant en terre. Le long de ma maìşon il y a une terraſſe ſoutenue par des pieus : chaque pieu eſt d'un boìs de chêne, brulé par le bout qui eſt en terre; afin qu'il n'y pouriſſe pas.

Toutes ces phraſes ſont à deſſein, principalement compoſées de mots ponctués, accentués, ou cédillés ſelon les règles propoſées précédemment : cependant ces points, ces accents & ces cédilles ne choquent pas, ce ſemble, les ieux. & ils déplairoient encore moins dans un diſcours où l'on n'auroit pas affecté de les rassembler.

On ne doit pas craindre que des jeunes gens & des étrangers en soient effraiiés ; puisqu'ils y trouveront de la facilité pour conoître la valeur & le son des syllabes : au surplus l'usage qu'ils en feront, aidera à introduire insensiblement partout une bone méthode dans l'écriture.

XXVIII.

OBJECTIONS ET RÉPONSES.

En quel sens l'Usage est le tyran des Langues. *L'usage ne doit point être la seule règle de l'Orthographe. On ne doit point non plus la réduire toute à des principes. Il faut donc régler par des principes tout ce qui en est susceptible, & laisser le reste à l'usage, lequel ne peut s'aprendre mieux que dans un petit Dictionaire & une Grammaire, propres pour des Començants. On craindroit mal à-propos de ne pouvoir plus lire les livres d'anciène Orthographe. La conoissance d'une Orthographe exacte, est plus importante que plusieurs ne le croient.*

On se récriera beaucoup sur l'Usage ; mais voici ma réponse.

Entre ceux qui ont ecrit ſur l'Orthographe, quelques-uns frapés de cette maxime, *l'Uſage eſt le tyran des Langues*, veulent que l'uſage ſeul ſoit la règle de l'Orthographe, come il l'eſt des termes & de la manière de les prononcer; mais il y a une grande différence entre ces objets. Les termes & la manière de les prononcer, c'eſt-à-dire la *langue parlée*, n'ont d'autres ſources que le gout des perſones qui ont hazardé certaines expreſſions, en les prononçant d'une certaine façon, adoptée enſuite par la nation, ſans ſavoir preſque ni pourquoi ni coment. Or ces termes & cette prononciation peuvent varier d'un ſiècle à un autre, dans les langues vivantes, & ont effectivement eprouvé bien des changements dans la nôtre; au lieu que l'Orthographe, c'eſt-à-dire la *langue ecrite*, devant être la peinture de la parole, elle doit lui reſſembler dans tous les tems: c'eſt pourquoi notre *langue parlée* aiant ſouffert beaucoup de variations, d'âge en âge, depuis le Roi François I. l'Orthographe auroit dû, par ſucceſſion des tems, ſuivre les changements de la prononciation. Il n'en a pourtant pas été ainsi. D'où il est arivé que, come je l'ai observé ci-dessus, après des Grammairiens, l'ecriture etoit autrefois plus conforme à la parole, qu'elle ne l'est aujourd'hui. Si donc l'anciène Orthographe avoit des défauts, celle d'àprésent est encore plus défectueuse; parce qu'on est trop attaché à l'usage, & que nos Académies n'ont point encore prescrit les bornes de son empire.

D'ailleurs où cherchera-t-on cet usage? Dans les Dictionaires, répondra-t-on. Mais ne sait-on pas que les Dictionaires ne sont pas uniformes sur ce point; parce que leurs Auteurs ont souvent abondé en leur propre sens, & que, sans aucune raison, ils se sont ecartés de tems en tems de l'etymologie, pour des termes où il convenoit de s'y astreindre? » L'etymologie des mots qui « nous viènent du grec ou du latin, » dit M. Leroi, ne peut changer, » parce que ces deux langues origi- » nales sont mortes: au contraire le » gout de l'Home est toujours varia- » ble. C'est donc l'etymologie que » nous devons choisir pour guide, & » non pas l'usage qui peut nous egarer.

Des Auteurs en petit nombre, voïant que les deux lettres *p h* de suite, qui nous vienent du grec, n'ont jamais d'autre articulation que celle d'une *f*, ont substitué celle-ci aux deux autres, come dans *diphthongue*, *phrase*, *philosophie*, qu'ils écrivent *distongue*, *frase*, *filosofie*. Mais il me paroit que ce changement n'a d'autre utilité que de racourcir l'ecriture d'un caractère, & qu'il ne nous procure aucune facilité pour la prononciation : il nous fait même perdre de vue l'etymologie de ces mots, si propre à nous montrer ce qu'ils signifient dans la langue originale.

» Un mot, dit Mr. Valart, vient-» il du grec ? La manière dont il » est ecrit, l'annonce aussi-tôt, & on » y retrouve les lettres grèques, re-» çues dans notre ecriture, come » celles-ci *y-grec*, *p h*, *t h*, *r h*. Dès » qu'un de ces caractères paroit dans » un mot, on est sûr que le mot est » grec d'origine. Voila donc nombre » de mots grecs dont un François » qui entend sa langue, sait déja la » signification : & come ces mots ne » sont point passés immédiatement

Pref. des princ. de Lect. & d'Orthog.

» dans notre langue, mais qu'ils nous » viènent du latin, ou du grec, un » François, avec le seul secours de » l'Orthographe, en sait aussi la signi- » fication en grec & en latin : ce qui » n'est pas un petit avantage.

» Il arive souvent, sur-tout dans » les langues dérivées d'autres lan- » gues, dit la Grammaire de P. R. » qu'il y a de certaines lettres qui ne » se prononcent point, & qui ainsi » sont inutiles quant au son, lesquel- » les ne laissent pas de nous servir » pour l'intelligence de ce que les » mots signifient. Par exemple dans » les mots de *champs* & *chants*, le *p* » & le *t* ne se prononcent point : & » néanmoins ils sont utiles pour la » signification ; parce que nous apre- » nons de là, que le premier vient » du latin *campus*, & le second du » latin *cantus*.

On n'a point eu cette raison d'éty- mologie, dit M. Ménage, pour in- sérer l'*h* dans *Anthoine*, *inthimé*, *Thoulouse*, ni pour la rendre initiale des mots *Hermite*, *huile*, *huit*, *hui- tre*. N'est-il donc pas à propos de l'ôter absolument de tous ces mots?

Ne doit-on pas au contraire, par raison

raiſon d'etymologie, conſerver l'*h* à la ſuite du *t* & de l'*r* dans quantité de mots françois, tels que *théatre*, *thériaque*, *thrône*, *pathétique*, *arrhes*, *Rétheur*, *rhume*, *rhubarbe?* J'en dis autant de *poſthume* ſignifiant *né après l'inhumation de ſon père*; car s'il ſignifie préciſément *né le dernier*, il n'a point l'*h*, ſelon des Auteurs? N'en eſt-il pas de même de l'*h* qui eſt entre un *c* & une *r*, dans *chrême*, *chronique*, *chronologie* & leurs ſemblables?

Il eſt au moins à propos de conſerver ces *h*, tant qu'un uſage contraire ne deviendra pas général parmi Meſſieurs les Académiciens & les autres habiles gens de lettres, come il eſt arivé pour les mots *faiſan*, *fantaiſie*, *fantôme*, *filtre*, *fiſionomie*, *frénéſie*, *caractère*, *carte*, *colère*, *corde*, *mécanique*, *patriarcal*, *ſtomacal*, *tréſor*, *ſépulcre*, que l'on ecrivoit autrefois avec une *h*, *phaiſan*, *phantaiſie*, *phautôme*, *philtre*, *phyſionomie*, *phrénéſie*, *charactére*, *charte*, *cholère*, *chorde*, *méchanique*, *patriarchal*, *ſtomachal*, *thréſor*, *ſépulchre*.

Il faut avouer que dans ce ſiècle on a eu raiſon de retrancher de pluſieurs mots, des lettres etymologiques qui ne ſervoient de rien à la prononciation, ou qui même l'embaraſſoient, en la rendaut douteuſe, ou qui n'etoient point abſolument néceſſaires pour faire conoître l'origine des termes: on en trouvera des exemples ci-deſſus. Come l'uſage de beaucoup de ces retranchements eſt devenu preſque général chez tous ceux qui ſe mèlent d'ecrire, on peut & l'on doit s'y ſoumettre. Hors ces ſortes de cas, l'Orthographe d'uſage ne doit & ne peut être regardée come une règle bien ſûre. C'eſt pourquoi ſi quelques-uns de nos Maîtres propoſent dans ces derniers tems, des changements tendants à la perfection de notre Langue, pourquoi aurions-nous de la répugnance à abandonner un uſage abuſif & fautif, pour prendre une méthode plus régulière? L'*uſage*, doit-on dire alors, *eſt* à la vérité *un tyran*, mais nous devons en ſecouer courageuſement le joug, quand nous avons des principes, ou des motifs raiſonables pour etablir une Orthographe différente. « On » peut, ſurtout lorſque les variations » de l'uſage laiſſent quelque doute, » uſer de la liberté que l'uſage même

ART. XIV.

Man d'enſ. & d'et. to. 1. p. 9.

» nous laisse, & suivre son gout, quand » il paroit fondé sur la raison & sur » l'utilité, c'est le sentiment de M. » Rollin. Le Corps d'une nation, dit » aussi M. Duclos, a seul droit sur » la *Langue parlée*, mais les Ecrivains » ont droit sur la *Langue ecrite.* Le » peuple, ajoute-t-il après Varron, » n'est pas le Maître de l'ecriture, » mais de la parole. L'apréhension d'être trop long, me fait omettre ici plusieurs autres remarques judicieuses de cet Académicien & de M. l'Abbé Fromant, Principal du Collège de Vernon, sur le Chapitre V. de la *Grammaire générale & raisonée.*

Faudra-t-il donc tâcher de régler entièrement l'Orthographe françoise, par des principes & par des règles générales & certaines? Des Auteurs l'ont tenté, come je l'ai dit; mais ils n'ont pu réussir. C'étoient des réformateurs outrés qui faisoient eclipser l'origine des mots, en empêchant de voir s'ils etoient des noms, des verbes ou des adverbes: & cela n'est pas plus praticable présentement.

Il faut donc prendre un milieu entre les deux extrémités, je veux dire entre l'Orthographe toute d'usage, & l'Orthographe toute de principes, & convenir qu'il faut régler par des principes, tout ce qu'on peut raisonablement régler par cette voie, & laisser le reste à l'usage, tel qu'il se pratique par les persones lettrées, qui ont la réputation de bien parler & de bien ecrire. Voila l'usage auquel il faut recourir, pour lever toutes les difficultés occasionées principalement par la Bizarerie de plusieurs syllabes, différentes les unes des autres, qui ont néanmoins le même son.

Mais où aprendra-t-on bien cet usage, sinon dans quelque bone Grammaire françoise qui entre dans le détail de toutes les règles les plus simples de l'Orthographe & de la Prononciation, pour les rendre à la portée des jeunes gens; afin de remédier suffisament, s'il est possible, à cette partie de la Bizarerie de notre façon d'ecrire? Je pense qu'à cette Grammaire on pourroit ajouter un petit Dictionaire françois.

Pour ce qui est des syllabes qui ont une différente Prononciation, quoiqu'elles aiient la même Orthographe, j'estime qu'on peut y remédier par les moiiens que j'ai proposés dans cet ecrit. Si on les agrée, je les emploierai dans la Grammaire que je suis sur le point de finir.

On prétendroit vainement faire peur au public, si l'on disoit encore, qu'en adoptant le systême que j'ai exposé, ou quelque autre semblable, & l'exécutant dans tous les livres qui s'imprimeroient dans la suite, la lecture des livres d'anciène Ortho-graphe, deviendroit un jour très-difficile pour ceux qui n'auroient apris à lire, que dans les livres orthographiés à la moderne.

» L'objection de la prétendue diffi-
» culté qu'il y auroit à lire les livres an-
» ciens, est une chimère, dit M. Du-
» clos : nous les lisons, quoiqu'il y ait
» aussi loin de leur Orthographe à la
» nôtre, que de la nôtre à une qui seroit
» raisonable. Observez que cet Académicien sensé, parle dans la supposition que l'on introduiroit dans l'Alphabet, de nouveaux caractères, qui joints à ceux que nous avons déja, ne seroient emploiiés chacun, que pour le son auquel il auroit eté destiné : & ce n'est pas ce que je propose ici. Je ne

parle que de points, d'accents, de cédilles, de la suppression de quelques lettres, d'un changement de quelques autres dans l'Orthographe vulgaire : du reste je ne touche point à notre Alphabet.

Le préjugé en faveur de ce qu'on a toujours fait, & l'eloignement pour une certaine gêne qu'il y auroit, pendant quelque tems, à s'instruire de nouvelles règles, détermineront sans doute un grand nombre de personnes à ne se point conformer à un nouveau plan d'Orthographe. Des Maîtres Ecrivains mêmes y auront aussi de la répugnance, par un semblable motif de paresse ou par prévention. C'étoit ce qui retenoit encore dans de vicieuses pratiques à cet egard, ceux que nous avons vus ecrire au comencement de ce siècle. On leur avoit enseigné, cinquante ou soixante ans auparavant, cette Orthographe qui nous paroit aujourd'hui si ridicule & si différente de celle que nous avons eu le courage d'aprendre & de suivre, malgré l'exemple contraire de nos pères. Il en sera de même de l'Orthographe commune denos jours, si les jeunes gens d'aprésent, animés de la confiance & de la hardiesse que leur inspire un habile Académicien, entreprènent ce que des anciens ne trouvent pas convenable ; parce que, come il parle, ce qui fait peur à ceux-ci, plaira à ceux-là. C'est ainsi que se perfectionera l'Orthographe des Imprimeurs & des Ecrivains : ce ne sera pas tout d'un coup, mais peu à peu & par la succession des tems.

Girard, ci-dessus artic. VIII.

» On peut donc, dit M. Duclos, » entreprendre de corriger l'usage, » du moins par dégrés, & non pas » en le heurtant de front, quoique la » raison en eut le droit ; mais la » raison même s'en interdit l'exer- » cice trop eclatant ; parce qu'en ma- » tière d'usage, ce n'est que par des » ménagements qu'on parvient au » succès. Il faut plus d'egards que de » mépris, pour les préjugés qu'on » veut guérir

En attendant qu'un nouvel usage soit etabli, ceux qui n'auront à ecrire que pour eux-mêmes, ou pour des persones uniquement instruites de l'ancière Orthographe, pouront sans inconvénient, s'en tenir à leur usage ordinaire.

Enfin, diront quelques-uns, à

quoi bon tant de discours pour des petits-riens ? Qu'y a-t-il d'intéressant dans tous ces accents, ces points, ces dièrèses, ces cédilles, pour la Religion ou les Sciences humaines, les Arts libéraux ou les mécaniques, le commerce, l'agriculture ou la navigation ? Cela ne paroit pas même si utile pour la lecture ; puisque jusqu'a présent on a apris à lire sans le secours de toutes ces figures.

Je réponds qu'on ne doit pas appeller des *petits-riens*, ce qui a mérité d'occuper sérieusement de grands génies & de très habiles gens, même dans les sciences les plus profondes. Au surplus je conviens que jusqu'à présent on a apris à lire sans cette Orthographe ; mais on devroit se ressouvenir des dégouts qu'on a eprouvés alors : on devroit plaindre les enfants & les etrangers qui s'en plaignent aujourd'hui, & désirer qu'on leur epargnât cette peine à l'avenir. C'est une considération qu'on leur doit, quoique M. l'Abbé Regnier dise le contraire. » Où en seroit on » dans chaque langue, se demande » cet Académicien, s'il en falloit ré» former les eléments, sur les difficul-

Gram. p. 120 & 117.

» tés que les en fants auroient, à bien » retenir la valeur de chaque caractère » & les différentes variations qu'un » long usage y a introduites? C'est » aux enfants, répond-il par deux fois, » c'est aux enfants à apprendre à lire » come leurs peres & grand'pères ont » appris. Mais si depuis l'Abbé Ré» gnier, réplique M. Fromant, tous » nos Auteurs avoient pensé come » lui, la raison seroit demeurée » esclave de la routine, & nous » serions privés de quantité d'excel» lents ouvrages, tous plus propres » les uns que les autres, à faciliter aux » enfants, aux Dames & aux étran» gers l'etude des langues, & sur» tout de la françoise.

Je conviens aussi qu'on peut sans cette Orthographe, être instruit à fond de la Religion, devenir habile Physicien ou Orateur, profond Jurisconsulte ou Médecin, subtile métaphysicien ou Mathématicien, ingénieux Machiniste ou Artisan. J'en dis autant des Négociants, des Cultivateurs, des Pilotes, &c. Mais n'avouera-t-on pas aussi, qu'un livre, une lettre missive & tout autre ecrit, orthographié selon les règles, sont toujours plus agréables à la vue & plus aisés à lire; parce que son ecriture est une peinture plus ressemblante de la parole ? N'avouera t-on pas que ce savoir est plus intéressant pour les gens de lettres & pour le peuple, que bien des questions abstraites ou de pure spéculation, qu'on discute fort au long dans le cours de différentes sciences ?

D'ailleurs, l'Orthographe etant sans Equivoques, & plus analogue à la langue & à la prononciation, les etrangers & les enfants n'aprendront-ils pas plus aisément à lire ? Et cette facilité leur donant plus de gout pour la lecture, ne liront-ils pas de meilleure heure & avec plus de profit, les bons Auteurs ? » Ce motif seul, dit » un Moderne, doit être capable de » déterminer les Maîtres chrétiens, » à embrasser avec ardeur, la mé» thode qui est la plus aisée & qui » demande moins de tems, non-» seulement afin que les enfants par» viènent plutôt à cette conoissance, » mais encore dans la vue que les » personnes plus avancées en âge, » qui ne savent pas lire, & qui ont » de la bone volonté, voiiant qu'il

Préf. *des El. de la lang. fr.* chez Butard, 1760.

» faut peu de tems pour y parvenir, » se déterminent à entreprendre » un travail d'une courte durée, qui » poura leur procurer de si grands » avantages.

C'est ainsi que la facilité de lire aide à l'aquisition des Sciences ; que la lecture en est come la clef ; que par conséquent S. Jérôme, ce grand Docteur de l'Eglise, en enseignant à Læta ou Lée Dame romaine, la manière d'aprendre aisément à lire à sa fille, & entrant à cet effet, dans le détail d'une bone méthode de lui faire conoître les lettres de l'Alphabet, & de les joindre ensemble, a eu raison de dire qu'on ne doit point mépriser ce qui sert de fondement aux grandes choses, quelque petit qu'il soit en lui-même : *Non sunt contemnenda quasi parva, sine quibus magna constare non possunt.*

FIN.

CORRECTIONS.

PAge 18, ligne 17, n'est conu & ne se prononce, *lisez* ne se prononce guères.

P. 25, l. 6, d'un, *lisez* d'une.

P. 36, l. 5, *e u i*, lisez *e o i*.

P. 39, l. 6, *charolet* & *harnet*, lisez *charolès*. *harnès*.

P. 46, en marge, l. 6, font, *lisez* sont: l. 8, *e* lisez *c* : *æ*, lisez *g*.

P. 55, l. 26, après *transpirer*, lisez *Transsilvanie*.

P. 56, l. 1 & 20, *balsamine*, lisez *balsaque* : l. 18 & 19, *lisez* du mot *transir*, parce qu'il n'est pas composé.

P. 96, l. dern. *gne*, lisez *gue*.

P. 116, l. 19. *ennuies*, lisez *ennuiies*.

P. 123, l. 18, *orgueil*, lisez *orgœuil*.

P. 129, l. 22, Il n'y en a pas, &c. *lisez* N'y en a-t-il pas aussi dans l'emploi de la *division* ou *trait-d'union* (-)? Plusieurs l'omettent dans des mots véritablement composés, tandis que d'autres l'appliquent à des mots qui sont simples en eux-mêmes, ou qui le sont devenus par l'usage commun des Savants, tels que *pourquoi*, *c'estpourquoi*, *parceque*, *partout*, *surtout*, *peut-être*, *toutàfait*, *quelquefois*, *aujourd'hui*, *laplupart*, *avantcoureur*, *malfaisant*, *malhonête*, *portefeuïlle*, qui sont sans trait-d'union dans le latin, quoiqu'ils y soient composés originairement. Cet usage n'est-il pas raisonable? Dans ce cas quels sont les autres mots pour lesquels il faudroit s'y conformer, & sur quels principes? La langue grèque, quoique pleine de mots composés, n'admet point le trait-d'union, non plus que la latine.

www.ingramcontent.com/pod-product-compliance
Ingram Content Group UK Ltd.
Pitfield, Milton Keynes, MK11 3LW, UK
UKHW020558180726
13838UKWH00001B/318

9 782329 313283